Andreas Schutt

Das Management Cockpit auf Basis von SAP NetWeaver zur Unterstützung des Performance Measurement

Konzeption und Realisierung

Schutt, Andreas: Das Management Cockpit auf Basis von SAP NetWeaver zur Unterstützung des Performance Measurement: Konzeption und Realisierung, Hamburg, Igel Verlag RWS 2014

Buch-ISBN: 978-3-95485-221-5
PDF-eBook-ISBN: 978-3-95485-721-0
Druck/Herstellung: Igel Verlag RWS, Hamburg, 2014

Bibliografische Information der Deutschen Nationalbibliothek:
Die Deutsche Nationalbibliothek verzeichnet diese Publikation in der Deutschen Nationalbibliografie; detaillierte bibliografische Daten sind im Internet über http://dnb.d-nb.de abrufbar.

© Igel Verlag RWS, Imprint der Diplomica Verlag GmbH
Hermannstal 119k, 22119 Hamburg
http://www.diplomica.de, Hamburg 2014
Printed in Germany

Überblick

Inhaltsverzeichnis

Abkürzungsverzeichnis

Abkürzung	Bezeichnung
ABAP	engl.: Advanced Busines Programming Language
AG	Aktiengesellschaft
Aufl.	Auflage
AWB	engl.: Administrator Workbench
BFuP	Betriebswirtschaftliche Forschung und Praxis
BiBB	Bundesinstitut für Berufsbildung
BPR	engl.: Business Process Reengineering
BSC	engl.: Balanced Scorecard
BSP	engl.: Business Server Pages
bzw.	beziehungsweise
ca.	circa
CEO	engl.: Chief Executive Officer
CO	Cockpit Officer
d.h.	das heißt
DOLAP	engl.: Desktop On-Line Analytical Processing
DSS	engl.: Decision Support System
DW	engl.: Data Warehousing
DWH	engl.: Data Warehouse
DWS	engl.: Data Warehouse System
EDV	Elektronische Datenverarbeitung
EIS	engl.: Executive Information System
engl.	englisch
ERM	engl. Entity Relationsship Model
ERP	engl.: Enterprise Ressource Planning
et al.	et alii
ETL	Extraktion, Transformation, Laden
evtl.	eventuell
f.	folgende
FASMI	engl.: Fast Analysis of Shared Multidimensional Information
ff.	fortfolgende

Abkürzung	Bezeichnung
Fn.	Fußnote
ggf.	gegebenenfalls
GmbH	Gesellschaft mit beschränkter Haftung
HBR	engl.: Human Business Review
HC	engl.: Human Capital
HCI	engl.: Human Machine Interface
HCM	engl.: Human Capital Management
HMD	Handwörterbuch der modernen Datenverarbeitung
HTML	engl.: HyperText Markup Language
i. A.	im Allgemeinen
i. d. R.	in der Regel
i. e. S.	im engeren Sinne
ISO	International Organization for Standardization
IS	Informationssystem
ISAM	Indexed Sequential Access Method
i. S. v.	im Sinne von
IT	Informationstechnologie
i. V. m.	in Verbindung mit
i. w. S.	im weiteren Sinne
Jg.	Jahrgang
KMU	Kleine und mittelständische Unternehmen
KPI	engl.: Key Performance Indicator
lat.	lateinisch
LNI	engl.: Lecture Notes in Informatics
MC	Management Cockpit
MCR	Management Cockpit-Raum
MIME	engl.: Multipurpose Internet Mail Extensions
MIS	engl.: Management Information Systems
MOLAP	engl.: Multidimensional On-Line Analytical Processing
MSS	Management Support System
Nr.	Nummer
o. g.	oben genannt

Abkürzung	Bezeichnung
o. O.	ohne Ort
o. S.	ohne Seite
ODS	Operational Data Store
OLAP	engl.: Online Analytical Processing
OLTP	engl.: Online Transaction Processing
PI	engl.: Performance Indicator
PM	engl.: Performance Measurement
PMS	engl.: Performance Measurement System
PPS	engl.: Production Planning System
RDBMS	engl.: Relational Datenbank Management System
ROCE	engl.: Return on Capital Employed
ROLAP	engl.: Relational On-Line Analytical Processing
SAP	Systeme Anwendungen Produkte
SAB BI	SAP Business Intelligence
SAP BW 3.5	SAP Business Information Warehouse 3.5
SAP HR	SAP Human Ressource
SAP NW '04	SAP NetWeaver 2004
SAP SEM	SAP Strategic Enterprise Management
SAP WAS 6.40	SAP Web Application Server
SAP SEM	SAP Strategic Enterprise Management
Sog.	sogenannte
S-ID	Surrogat-Identifikationsdatum
TPM	Transaktionen pro Minute
u. U.	unter Umständen
URL	engl.: Unified Ressource Locator
Usw.	und so weiter
vgl.	vergleiche
vs.	versus, lat.: gegen, gegenüber gestellt
z. B.	zum Beispiel
z. Zt.	zur Zeit
ZfB	Zeitschrift für Betriebswirtschaft
ZfP	Zeitschrift für Planung

Abbildungsverzeichnis

Formelverzeichnis

Tabellenverzeichnis

1 Einleitung

Die Motivation dieser Diplomarbeit beruht auf der Entwicklung in vielen Unternehmen, die in den letzten Jahren ein Business Process Reengineering (BPR) in Verbindung mit der Einführung eines Enterprise Ressource Planning (ERP) Systems wie dem SAP R/3 durchgeführt haben.

Bereits im Jahre 1998 stellte der damalige SAP SEM Product Manager J. H. Daum fest, dass „ … das Reengineering [der Geschäftsprozesse] auf die Managementprozesse auszudehnen und eine geeignete, unterstützende informationstechnische Infrastruktur für sie zu schaffen [sei], die die bereits getätigten Investitionen in ERP-Systeme nutzt."[1]

Da mittlerweile eine Vielzahl von Unternehmen aus unterschiedlichsten Branchen erfolgreich auf ein ERP-System wie SAP R/3 migriert haben, wurden die technischen Voraussetzungen für weit reichende Auswertungsmöglichkeiten geschaffen. Die gestiegene Nachfrage nach Analyse- und Reporting-Tools, die die Informationspotentiale der in den ERP-Systemen gepflegten Daten erschließen, belegt diesen Trend. Speziell in den Führungsetagen wird zunehmend ein lückenloses Berichts- und Informationswesen gefordert, da die Anforderungen an das Management seitens der Stakeholder sowie aufgrund des generell verschärften Wettbewerbs im In- und Ausland sich stetig verändern und erweitern.

Nur durch die richtige informationstechnische Unterstützung der Managementprozesse ist es möglich, rechtzeitig die entsprechenden Informationen bereitzustellen. Mit Hilfe der für das Management aufbereiteten Daten können kritische Entwicklungen innerhalb des Unternehmens erkannt, zeitnah strategische Entscheidungen abgeleitet und entsprechende Gegenmaßnahmen umgesetzt werden.

Damit den Entscheidungsträgern sämtliche relevanten Informationen zur Verfügung stehen, werden so genannte Management Cockpit-Räume zusammengestellt. Dies sind Kollektionen von virtuellen Management Cockpits, die unter ergonomischen Gesichtspunkten strukturiert und verständlich die wich-

---

[1]   Daum (1998): http://www.juergendaum.de, S. 2.

tigsten Key Performance Indicators[2] für das Performance Measurement einer Unternehmung darstellen.

Jedoch benötigt lediglich das Top-Management einen Überblick über alle Dimensionen[3] der Key Performance Indicators. Für das Middle- und Lower-Management sind lediglich einzelne Szenarien von Bedeutung, die sich weniger komplex darstellen und nur eine „Wand" bzw. einen Teilbereich eines Management-Cockpit-Raumes repräsentieren.

In vielen Unternehmen befindet sich ein entsprechendes Berichtswesen noch im Aufbau. Daher steht z. Zt. die Einrichtung von Management Cockpits für einzelne Unternehmensbereiche, wie beispielsweise für das Personalcontrolling oder den Einkauf, im Vordergrund aus denen dann später ein unternehmensübergreifender Management Cockpit-Raum zusammengestellt werden kann.

1.1 Ziel der Arbeit

Die vorliegende Diplomarbeit verfolgt die Zielsetzung, dem Leser einen umfassenden Einblick in die Thematik der Konzeption und Realisierung eines Management Cockpits zu verschaffen.

Für den Gang der Handlung wird dazu das Performance Measurement als fachlicher Hintergrund eingeführt. Darauf aufbauend folgt die Entwicklung eines fiktives Unternehmensszenarios, an dem die Konzeption und Realisierung des Management Cockpits zur Unterstützung des Performance Measurement des Human Capital verdeutlicht wird.

Dabei wird eine umfassende Betrachtungsweise angestrebt, die den Leser in die Lage versetzten soll, den Aufbau eines Management Cockpits zur Unterstützung des Performance Measurement ganzheitlich erfassen und nachvoll-

---

[2] „Der Begriff Key Performance Indicator drückt aus, dass nur solche Indikatoren definiert werden, die für den Fortbestand einer Organisation wesentliche [wichtigste] Performance-Aspekte messen." Krause (2005), S. 48.

[3] Nach einer Studie aus dem Jahr 1990 wurden im Rahmen des Balanced Scorecard Konzepts vier „verschiedene Dimensionen (Kunden, Finanzen, interne Prozesse, Innovation)" (Vgl. Kaplan, Norton (1997), S. 7 ff. und S. 24ff) ermittelt, die den Unternehmenserfolg beeinflussen können. Mittlerweile hat sich zudem eine weitere Dimension etabliert, die die ökologische Unternehmenssicht mit einbezieht. Vgl. Brunner, Sprich (1998), S. 32 oder Butler et al. (1997), S. 247f.

ziehen zu können.[4] Im diesem Bezugsrahmen werden dazu von der Identifikation, Definition und Erhebung passender Key Performance Indicatoren, über den
Aufbau einer stimmigen Datenbasis bis hin zur Einrichtung des Management Cockpits selbst, alle wichtigen die Konzeption und Realisierung determinie-
renden Aspekte besprochen. Dies geschieht unter dem Vorsatz, die angestellten
Überlegungen später auf den Aufbau eines Management Cockpit-Raums transfe-
rieren und so ein Informationssystem über die gesamte Unternehmung zur
Verfügung stellen zu können.

Für die Realisierung des Management Cockpits ist die Integrations- und Applikationsplattform SAP NetWeaver vorgegeben, die die technische Grundlage der
Realisierung darstellt. Aus diesem Grund erfolgt die Implementierung des zu
entwickelnden Management Cockpit-Prototyps auf Basis der Komponenten und
der Werkzeuge des SAP NetWeaver Frameworks in Kombination mit der für die
Darstellung des Management Cockpit integrierbaren Techniken aus dem
Web-Umfeld. Letztere werden ebenfalls mit in die Betrachtung einbezogen.

1.2 Aufbau der Arbeit

Mit dem Titel dieser Diplomarbeit zur „Konzeption und Realisierung eines
Management Cockpits auf Basis von SAP NetWeaver zur Unterstützung des
Performance Measurement" ist der Aufbau bereits grundsätzlich vorgegeben.
Zuerst wird im Kapitel „Theoretische Grundlagen" der mit einem Management Cockpit verfolgte Ansatz inhaltlich definiert und thematisch von anderen
Konzepten visueller Informationsinstrumente abgegrenzt. Anschließend erfolgt
eine Einführung in den fachlichen Hintergrund des Performance Measurement,
indem die zugrunde liegenden Begriffe und dessen Methodik geklärt werden.
Dabei wird insbesondere dessen Eignung zur Darstellung in einem Management Cockpit herausgearbeitet. Bei der das Kapitel abschließenden Vorstellung
des Data Warehouse-Paradigmas wird kurz der Sinn und Zweck des Data Warehousings anhand der Historie analytischer Informationssysteme erläu-

---

[4] Der ganzheitliche Ansatz dieser Arbeit wurde aufgrund der Entwicklung der Informatik
„ … zu einer anwendungsnahen, interdisziplinär arbeitenden Wissenschaft … „" gewählt die
von der Gesellschaft für Informatik gefordert wird. Vgl. Meyer (2005), S. 41.

tert und ausführlich auf dessen Grundprinzipien und Eignung als Informationsgrundlage für das Management Cockpit zur Unterstützung des Performance Measurement diskutiert.

Das zweite Kapitel des Hauptteils zur „Konzeption" des Management Cockpits beginnt mit der Entwicklung eines fiktiven Unternehmensszenarios und der Anforderungsdefinition für das zu realisierende Management Cockpit. Auf dem Unternehmensszenario aufbauend wird zunächst der fachliche Hintergrund in Form des Performance Measurement anhand des Human Capital geschildert und die organisatorischen Aspekte zum Aufbau eines geeigneten Performance Measurement Systems erläutert. Anschließend erfolgt die informationstechnische Konzeption, die die notwendigen Schritte zum Aufbau der Datenbasis in einem Data Warehouse vorgibt und die Grundlage für die visuelle Datenkommunikation in einem Management Cockpit schafft.

Bis zu diesem Punkt erfolgt die Beschreibung auf anwendungs- und implementierungsneutraler Ebene. Diese Perspektive wird im Kapitel zur „Realisierung" des zuvor konzeptionell betrachteten Management Cockpit-Prototyps aufgegeben und durch die spezifische Sicht der technischen Implementierung ersetzt. Dazu soll eine kurze Einführung in die Integrations- und Applikationsplattform von SAP NetWeaver 2004 und dessen für die Realisierung verwendeten Module und Hilfsmittel gegeben werden. Auf dieser Basis erfolgt dann Schritt für Schritt die Realisierung des Management Cockpits. Beginnend mit dem Aufbau der Datenbasis und abschließend mit dem vollständigen Prototyp wird der Implementierungsprozess vollständig dargestellt.

Die Arbeit endet mit einer Schlussbetrachtung, in der die Konzeption und Realisierung eines Management Cockpits zur Unterstützung des Performance Measurement noch einmal im Überblick dargestellt und ein kritischer Blick auf zukünftige Entwicklungen gewagt wird.

2 Theoretische Grundlagen

Die Zielsetzung des vorliegenden Kapitels besteht darin, die theoretischen Grundlagen für die folgenden Kapitel zur Konzeption und Realisierung eines Management Cockpits zu schaffen.

Zuerst soll der Ansatz des Management Cockpits diskutiert und dessen Grundidee sowie Nutzenaspekte dargestellt werden. Im Hinblick auf den Einsatzbereich und Verwendungszweck eines Management Cockpits wird im darauf folgenden Abschnitt die Thematik des Performance Measurement aufgearbeitet. Hier soll der Bezug zu den in einem MC darzustellenden Informationen hinsichtlich ihrer Entstehung und Interpretierbarkeit hergestellt werden. Abschließend wird die informationstechnologische Basis auf abstrakter Ebene des Data Warehouse Paradigmas erläutert und aufgezeigt, weshalb diese Form der Datenhaltung die Geeignete für die Umsetzung eines Management Cockpits als analytisches Informationsinstrument ist.

2.1 Management Cockpit

Gegenstand dieser Arbeit ist die Konzeption und Realisierung eines Management Cockpits zur Unterstützung des Performance Measurement. Es ist daher angezeigt, den Begriff Management Cockpit, kurz MC, näher zu erläutern.

Die Idee des MC wurde bereits 1989 von P. M. Georges[5] in Zusammenarbeit mit anderen Human Intelligence Wissenschaftlern, Computer Experten und Neurologen vorgestellt.[6] Ausgangspunkt für die Entwicklung des MC-Konzepts war der hehre Vorsatz, die „geistige und mentale Produktivität des Einzelnen"[7] zu erhöhen. Dazu soll ein MC die steigende Informationsflut,[8] der im Speziellen das Management ausgesetzt ist, reduzieren und die Teamarbeit im Rahmen

---

[5]   Einen Überblick über die Management Cockpit Thematik gibt die Internetpräsenz der Firma von P. M. Georges N.E.T. Research: N.E.T. Research (2005a): http://management-cockpit.net, o. S.

[6]   Vgl. Daum (2003), S. 371.

[7]   Daum (2002), S. 411f: „ … [to] increase .. personal mental and intellectual productivity … "

[8]   J. H. Daum bezieht sich in einem Interview mit P. M. Georges auf Studien, die belegen, dass das menschliche Gehirn maximal einen Informationsfluss der 800 Buchstaben pro Minute korreliert folgen kann. Jedoch seien Manager durchschnittlich mit bis zu 4.000 Buchstaben pro Minute durch Kommunikationsfaktoren wie „ … phone calls, e-mail, faxes, meetings and reports … " konfrontiert. Daum (2003), S. 371f.

von Managementmeetings positiv beeinflussen.[9] Den inhaltlichen Kern des MC-Ansatzes fassen Reiter et al. treffend mit dem folgenden Satz zusammen:

„Die Idee des Management Cockpits besteht in der Unterstützung strategischer Entscheidungen ... ."[10]

Diese sehr allgemeine aber umfassende Aussage muss allerdings differenziert betrachtet werden. Eine Mitte des Jahres 2005 von Berlecon Research durchgeführte Studie konkretisiert die Aufgaben eines MC wie folgt:

„Management Cockpits liefern fachlichen Experten kompakte und aktuelle Informationen über Geschäftsprozesse in grafisch aufbereiteter Form. Die Cockpits sollen Mitarbeitern möglichst zeitnah genau die Informationen zur Verfügung stellen, die sie für die optimale Überwachung und Steuerung von Prozessen benötigen. Dadurch können Mitarbeiter schneller fundierte Entscheidungen treffen, was Kosten senkt und Prozesse beschleunigt."[11]

Einerseits wird der Aspekt der Darstellung komplizierter Sachverhalte durch grafische Aufbereitung unter Berücksichtigung ergonomischer Aspekte angesprochen. Der Fokus liegt dabei auf der leicht verständlichen Visualisierung von entscheidungsrelevanten Informationen. Der Anwender soll auf einfache Weise auch komplexe Unternehmenszusammenhänge überblicken können und dabei stets mit aktuellen Daten versorgt werden.[12]

Andererseits wird die strategische Unternehmensführungsfunktion der auch oft als Business Dashboards oder Armaturenbretter bezeichneten MC angesprochen. Diese Verständnisdimension beinhaltet wesentliche Inhalte des Balanced Scorecard-Konzepts sowie der zugrunde liegenden Performance Measurement-Aspekte und zielt auf die Steuerung und Kontrolle von Prozessen und erfolgskritischen Unternehmenskennzahlen ab.

---

[9] Vgl. Fn. 22.
[10] Reiterer et al. (2000), S. 81.
[11] Berlecon Reasearch GmbH (Hrsg.) (2005): http://www.berlecon.de, o. S.
[12] N.E.T. Research beschreibt das MC als ein operationales Tool, mit folgender Zielsetzung: „The aim of the Management Cockpit approach is to improve the presentation, the content and the business use of information by companies so as to optimise the resources they allocate in function of their strategy and to enhance their efficiency." N.E.T. Research (2005a): http://management-cockpit.net.

2.1.1 Begriffsdefinition

Somit können zwei Begriffsfassungen des MC unterschieden werden, auf die sich in dieser Ausarbeitung fallweise bezogen wird:

- Die enge Definition des Management Cockpits, die sich auf das Management Cockpit i. e. S. als Visualisierungs- und analytisches Informationsinstrument konzentriert.[13]

- Die weite Definition des Management Cockpits, die es zusätzlich als ganzheitliches Führungsinstrument (Management Cockpit i. w. S.) charakterisiert, „ … um Vision und Strategie eines Unternehmens in einen klar definierten Satz von Zielen und Maßgrößen zu übersetzen"[14] und zu kommunizieren.[15]

2.1.2 Management Cockpit-Raum

Der z. Zt. viel diskutierte Begriff des MC wird häufig synonym mit der Bezeichnung des Management Cockpit-Raums (MCR) verwendet.

Ein MCR besteht i. A. aus vier Wänden.[16] Jede Wand spiegelt eine separate Sicht auf das Unternehmen wieder und wird zur Klassifikation der verschiedenen Informationen jeweils in einer anderen Farbe (Schwarz, Rot, Blau und Weiß)[17] dargestellt. Das folgende Schaubild zeigt einen solchen MCR nach Vorstellung der SAP AG:

---

[13] „Management Cockpits liefern fachlichen Experten kompakte und aktuelle Informationen über Geschäftsprozesse in grafisch aufbereiteter Form." Berlecon Reasearch GmbH (Hrsg.) (2005): http://www.berlecon.de, o. S. Vgl. auch den ersten Halbsatz von Fn. 12.

[14] Eschenbach, Haddad (1999), S. 63. Dieses Zitat, welches aus dem Kontext der Balanced Scorecard stammt, kann auch im Rahmen der Definition des MC i. w. S. verwendet werden, da weit reichende Übereinstimmungen mit dem Konzept der Balanced Scorecard vorliegen.

[15] „Die Cockpits sollen Mitarbeitern möglichst zeitnah genau die Informationen zur Verfügung stellen, die sie für die optimale Überwachung und Steuerung von Prozessen benötigen. Dadurch können Mitarbeiter schneller fundierte Entscheidungen treffen, was Kosten senkt und Prozesse beschleunigt". Berlecon Research GmbH (Hrsg.) (2005): http://www.berlecon.de, o. S. Vgl. auch den zweiten Halbsatz von Fn. 12.

[16] Diese Restriktion stützt sich auf die Definition der vier Perspektiven der Balanced Scorecard, welche allerdings mittlerweile revidiert wurde. Vgl. Fn. 3. Somit lässt sich der MCR um zusätzliche Wände bzw. Boden und Decke erweitern.

[17] Die Farbzuordnung der einzelnen Perspektiven ist in Abbildung 2 dargestellt. Vgl. Abbildung 2 – Managermeeting im Management Cockpit-Raum, S. 9.

Abbildung 1 – Management Cockpit-Raum[18]

Einzeln betrachtet stellt jede dieser Perspektiven bzw. Wände ein eigenes MC für einen Unternehmensbereich dar. Somit ist offensichtlich, dass zwischen den Begriffen MC und MCR, der auch als „War Room"[19] bezeichnet wird, unterschieden werden muss.

Des Weiteren besitzt ein MCR neben seiner Bedeutung als Visualisierungsmetapher für eine Zusammenstellung von Management Cockpits auch einen räumlichen Charakter im Sinne eines Konferenzzimmers[20].

Im Zentrum des MCR steht die Funktion als „ ... gemeinsame Informations- und Kommunikationsbasis ... "[21] für die „ ... Unterstützung strategischer Entscheidungen *im Team* ... "[22]. Die verschiedenen Interessengruppen sollen an einen Tisch geführt und „ ... die zur Unternehmenssteuerung relevanten Daten ... für alle Mitglieder des Teams gleichermaßen konsistent bereit gestellt werden

---

[18] N.E.T. Research (2005b): http://management-cockpit.net, o. S.
[19] N.E.T. Research (2005a): http://management-cockpit.net, o. S.
[20] Die Wahl der räumlichen Beschaffenheit eines Konferenzzimmers für den Aufbau eines MCR beinhaltet zudem eine für die Aufgaben optimierte Arbeitsumgebung, welche eine konzentrierte Arbeitsatmosphäre durch Vermeidung von Störungen z. B. durch Hintergrundgeräusche schaffen soll. Vgl. Cundus AG (2005), www.cundus.de, o. S.
[21] Daum (1998): http://www.juergendaum.de, S. 8.
[22] Reiterer et al. (2000), S. 81, Vgl. Daum (2003), S. 371f und Cundus AG (2005): www.cundus.de, o. S.: „Das Management Cockpit ist ein Informationszentrum zur Optimierung der Entscheidungsfindung im Team.".

... "[23]. In der Abbildung 2 ist schematisch eine mögliche Konstellation für ein Managermeeting auf Vorstandsebene dargestellt.

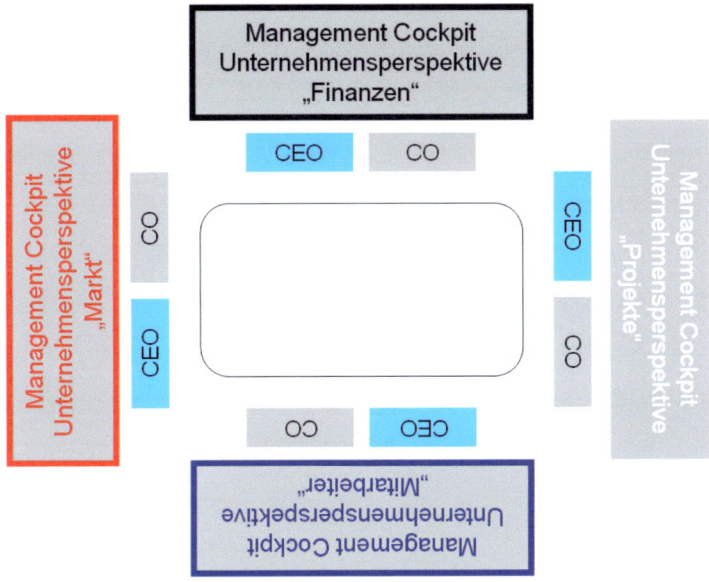

Abbildung 2 – Managermeeting im Management Cockpit-Raum[24]

Alle Chief Execute Officers (CEO) des Unternehmens treffen sich mit ihren Cockpit Officers (CO)[25] im MCR und können die Situation ihres Verantwortungsbereichs separat nebeneinander darstellen und diskutieren. Dadurch wird es den Managern erleichtert „ ... nötige Umstrukturierungen im Unternehmen sowie die Zusammenhänge zwischen den unterschiedlichen Faktoren [zu] erkennen."[26]

Häufig wird auch in diesem Kontext ein Vergleich zu Flugzeugcockpits angestrebt, da die Instrumententafeln und Anzeigen der MCs an die Sicht eines Piloten erinnern sowie auf dessen Lenkungs- und Steuerungsfunktion anspielen[27]. Dieser Analogieschluss wird noch weiter geführt, indem weitere Bereiche und Funktionen des MCR ebenfalls mit Begriffen aus der Luftfahrt assoziiert werden.[28]

---

[23] Reiterer et al. (2000), S. 82.
[24] Eigene Darstellung.
[25] Dies sind zumeist Controller des jeweiligen Fachbereichs. Vgl. Ebd. (1998), S. 8.
[26] Daum (1998): http://www.juergendaum.de, S. 8.
[27] Vgl. Beispiel Schiff-Controlling
[28] Beispielsweise ein Teil des MCR, welcher für die Auswahl und Darstellung sehr detaillierter Daten per Drill-Down (Vgl. Kapitel 3.3.4.2.1 Drill Up und Drill Down, S. 60) als „Flugdeck" bezeichnet. Des Weiteren werden auch Unternehmenssituationen in der „Flieger-Sprache" mit Begriffen wie „Höhenflug" beschreiben.

2.1.3 Management Cockpit vs. Balanced Scorecard

Gegenstand dieses Abschnitts ist es, die 1990/91 von D. P. Norton, Generaldirektor von Nolan Norton, und R. S. Kaplan, Professor der Harvard University, entwickelte Balanced Scorecard (BSC) dem MC-Konzept gegenüberzustellen und davon abzugrenzen. Dazu sollen die Inhalte und Schwerpunkte der BSC mit der engen und der weiten Definitionen des MC verglichen werden.[29]

Im Rahmen der Betrachtung der BSC und des MC-Begriffs i. e. S. sind Unterschiede in der Visualisierung das Differenzierungsmerkmal. Bei der BSC wie auch beim MC soll die grafische Gestaltung die individuelle Unternehmenskultur bei der Kommunikation aufgreifen.[30] Dabei werden in beiden Ansätzen auch ergonomische Gesichtspunkte verfolgt, um ein „kundenorientiertes Layout"[31] und somit eine leicht verständliche Benutzeroberfläche für den Manager (als Kunden) bereitzustellen.[32] Jedoch ist der gestalterische Aspekt beim BSC-Ansatz weniger stark ausgeprägt.[33] Das MC-Konzept „ ... integriert die neuesten Konzepte zur Visualisierung von Grafiken, Tabellen und Texten ... "[34]. Im Gegensatz dazu implementiert die BSC lediglich ein zumeist zahlen- bzw. tabellenorientiertes Berichtswesen[35], welches im Laufe der Zeit durch statusorientierte Einfärbung „ ... (grün – auf Zielkurs; [gelb – Zielerreichung indifferent;] rot – Zielerreichung kritisch; weiß – im aktuellen Quartal nicht gemessen) ... "[36] der Kennzahlen und Exception Reporting ergänzt wurde. Somit tritt ein deutli-

---

[29] Siehe hierzu auch den Abschnitt 2.1.1 Begriffsdefinition.

[30] Vgl. Gehringer, Michel (2000), S. 231.

[31] Horváth & Partner GmbH (2001), S. 322.

[32] H. R. Friedag und W. Schmidt zeigen in Abbildung 44 eine Berichts-Scorecard der Firma ABAG, die nach dem BSC-Konzept entwickelt wurde. Vgl. Friedag, Schmidt (2004), S. 290. Dieses Beispiel erfüllt u. a. auch die Forderung von J. Gehringer und W. J. Michel, dass eine BSC aus ergonomischer Sicht auf einer Seite dargestellt werden können muss. Vgl. ebd. (2000), S. 227 und S. 232. Ein ähnliches Beispiel in Form eines Einlagenblatts für Kalender zeigen Horváth & Partner in Abbildung 7.25. Vgl. Horváth & Partner GmbH (2001), S. 324.

[33] Nur wenige Fachbücher zur Umsetzung der BSC als Management-Instrument sprechen die Integration der BSC in das Berichtswesen überhaupt an. J. Wicki-Breitinger fordert zwar, „ ... dass das Management von der Balanced Scorecard als Planungs- und Führungsinstrument überzeugt sein muss" (Wicki-Breitinger (2000), S. 237), vernachlässigt dabei aber die Reporting-Komponente der BSC völlig. Der Fokus der Betrachtungen liegt stets in der Umsetzung der BSC als Planungs- und Kontrollinstrument i. V. m. der Definition und Erreichung strategischer Ziele sowie deren Umsetzung. Vgl. Kaplan, Norton (1997), S. 24.

[34] Vgl. Cundus AG (2005): www.cundus.de, o. S. und Kapitel 4.5.1.3.2 Anwendung der Gestaltgesetze, S. 103.

[35] Vgl. die in Fn. 32 genannten Abbildungen.

[36] Horváth & Partner GmbH (2001), S. 326.

cher Unterschied zwischen der BSC und der Auffassung eines MC i. e. S. zu Tage.

Dies hängt auch mit dem Selbstverständnis der BSC zusammen, welches sich hauptsächlich mit den zusätzlichen Aspekten der Definition des MC i. w. S. deckt und somit implizit die inhaltlichen Abweichungen begründet.[37] Dennoch soll an dieser Stelle das Verhältnis zwischen der BSC und dem MC präzisiert werden.

Das MC-Konzept umfasst den Ansatz der BSC und versteht sich als deren legitimer Nachfolger.[38] Es erweitert die BSC insbesondere um Aspekte der grafischen Aufbereitung für das Management. Da dem MC wie auch der BSC in ihrem Entstehungskontext mit dem Performance Measurement die gleiche Managementmethode zugrunde liegt[39], sind auf inhaltlicher Ebene ganzheitliche Integrationspunkte gegeben.

2.2 Performance Measurement System

Dieser Abschnitt beinhaltet die formalen Grundlagen und wichtigsten Begriffe des Performance Measurement.

Zuerst ist es notwendig, den Leistungsbegriff im Sinne der Performance eines Unternehmens zu definieren und den Bezug zu den Unternehmenszielen herzustellen. Darauf Bezug nehmend wird die Indikatordefinition in Form des Key Performance Indicators hergeleitet und anschließend die angestellten Überlegungen im Rahmen des Performance Measurement-Verfahrens in den Kontext eingeordnet und dessen Nutzen beschrieben. Zudem wird zur Verdeutlichung der Inhalte das Performance Measurement der klassischen Kennzahlenrechnung gegenübergestellt. Zum Abschluss soll noch die Rolle des Performance Measurement im Performance Management Prozess dargestellt und zugleich die funktionalen Verbindungspunkte mit dem MC aufgezeigt werden.

---

[37] Siehe hierzu auch die Abschnitte 2.1 Management Cockpit und 2.1.1 Begriffsdefinition.

[38] In der Abbildung „The Management Cockpit is the 4th Generation of dashboard" wird die Evolution der Balanced Scorecard zum Management Cockpits im Zeitverlauf dargestellt. N.E.T. Research (2005a): http://management-cockpit.net, o. S.

[39] M. Karlowitsch konstatiert, dass die „ … Gründe für die Entstehung der Balanced Scorecard äquivalent mit denen des Performance Measurement sind … ". Karlowitsch (2000), S. 101; Vgl. auch Diensberg (2001), S. 31 i. V. m. Kaplan, Norton (1997), VII ff.

2.2.1 Performance

Aufgrund der vielschichtigen Anwendung[40] des Performance-Begriffs in Abhängigkeit von seinem Verwendungskontext[41], „ … besteht bis heute kein kohärentes Begriffsverständnis zum Thema Performance."[42] Um eine für diese Ausarbeitung hinreichende Definition zu erhalten, „ … ist eine Umgehung des Defini-Definitionsproblems durch eine synonyme Verwendung [und Auslegung] der Begriffe Performance und *Leistung* … nicht möglich."[43] Dies ist durch die „ … unterschiedliche betriebswirtschaftliche Leistungsinterpretation … "[44] zu begründen, welche auf die gegensätzlichen Vorstellungen aus der angelsächsischen Auffassung von Performance und des kontinentaleuropäischen[45] Leistungs-Verständnisses zurückzuführen ist.[46] Insbesondere im Hinblick auf den Zeithorizont und der Betrachtung und Einbeziehung von Zielgrößen treten die wesentlichen Unterschiede zwischen den beiden Begriffen zu Tage.[47]

Für eine adäquate Definition des Performance-Begriffs müssen aufgrund der Kausalabhängigkeit seiner Verwendung im Vorfeld einige Annahmen hinsichtlich der zu bemessenden Zielvorstellungen[48] getroffen werden. So ist es durch die Ausrichtung dieser Diplomarbeit vorgegeben, organisatorische Zielsetzun-

---

[40] Beispielsweise wird in der finanzwirtschaftlichen Literatur die Performance einer Anlage als Abweichung der Rendite einer Vermögensanlage von der zugrunde gelegten Rendite des Vergleichsportfolios aufgefasst. Vgl. Zimmermann et al. (1996), S. 4. In der Informationstechnologie wird der Performance-Begriff hingegen u. a. für die Beschreibung der Zeit- und Platzkomplexität eines Algorithmus verwendet.

[41] Vgl. Henzel (1967), S. 43; Vgl. Wettstein (2002), S. 17: „… so wird deutlich, dass die Definition der Performance vom Anwendungszusammenhang abhängt."

[42] Krause (2005), S. 17; Vgl. auch Wettstein (2002), S. 15.

[43] Gilles (2005), S. 9. „Aus diesem Grund verzichten manche Autoren sogar vollständig auf eine begriffliche Präzisierung … ". Gilles (2005), S. 10 und ff. M. Lebas nennt die auf Einflussgrößen basierende Definitionsversuche „reduktionistisch". Vgl. Lebas (1995a), S. 66.

[44] Gilles (2005), S. 9.

[45] So wird in der deutschsprachigen Literatur zumeist Leistung aus Sicht der Produktionstheorie oder des Rechnungswesen als Ergebnis der betrieblichen Aktivitäten oder die positive Komponente des Betriebserfolgs definiert. Vgl. Riedl (2000), S. 16.

[46] Vgl. Wettstein (2002), S. 17 i. V. m. Lebas (1995); Krause (2005), S. 18: „Allerdings sind sowohl im englischen als auch im deutschen Sprachraum erhebliche Unterschiede im Begriffsinhalt feststellbar." Die Ausführungen von T. Wettstein hinsichtlich von Synonymen zum Performance-Begriff wie „accomplishment, efficiency, capability und satisfaction" verdeutlichen den Unterschied. Vgl. Wettstein (2002), S. 15.

[47] Vgl. Kapitel 2.2.4 Performance Measurement vs. Traditionelle Kennzahlensysteme, S. 18.

[48] Im Rahmen der ausführlichen Begriffsdefinition von Performance stellt R. Gilles fest, dass „die maßgebliche[n] Bestimmungsgrößen der Performance … die übergeordneten Zielsetzungen" bilden. Gilles (2005), S. 14.

gen i. S. v. Unternehmenszielen[49] zu betrachten. Als Unternehmensziel soll nach der Entscheidungstheorie „ ... ein künftiger Zustand der Unternehmung ... , der als erstrebenswert angesehen wird ... "[50], verstanden werden. Hinsichtlich der Erstrebenswertigkeit ist zudem die Basis der Zielbildung festzulegen, die im Folgenden durch den Stakeholder-Ansatz gebildet werden soll.[51] Als Stakeholder werden alle unternehmensinternen und -externen Anspruchs- und Interessengruppen bezeichnet, die „ ... einen Beitrag („stake") zur betrieblichen Wertschöpfung ... "[52] leisten.

Die Performance eines Unternehmens soll hier als Beurteilungskriterium für den Stakeholder-Nutzen definiert werden und den Grad der Zielerreichung Nutzen stiftender Handlungen[53] repräsentieren. Dieser Argumentation folgend, lautet die Performance-Definition in Anlehnung an R. Gilles und O. Krause:

„Performance bezeichnet den Grad der Zielerreichung bezüglich der für die relevanten Stakeholder wichtigen Merkmale einer Organisation. Die Quelle der Performance sind die Effizienz und Effektivität der determinierten Handlungen der Akteure in den Geschäftsprozessen."[54]

2.2.2 Key Performance Indicator vs. Kennzahlen

Zur Messung der Effizienz und Effektivität der Unternehmensaktivitäten werden im Rahmen des Performance Measurement sog. Performance Indicators (PI) gebildet.[55] Diese PIs, die in der Literatur auch oft als Performance Measures[56]

---

[49] Das Unternehmen mit seinen Zielvorstellungen kann als eine denkbare Organisationsform in Betracht gezogen werden.

[50] Heinen (1976), S. 49.

[51] Neben dem Stakeholder-Ansatz existieren in der Literatur noch zwei weitere als grundlegend erachtete Ansätze. Zum einen das Koalitionsmodell nach R. M. Cyert und J. G. March, welches auf Basis der Verhaltenswissenschaft und Entscheidungstheorie die Zielvorstellungen der Koalitionsmitglieder einer Organisation untersucht. Vgl. Cyert, March (1963), S. 27ff. Zum anderen das Shareholder-Value-Konzept, das sich an den Interessen der Eigenkapitalgeber (Shareholder) orientiert und die Maximierung des Unternehmenswerts als alleiniges Unternehmensziel postuliert. Vgl. Sturm (2000), S. 15 i. V. m. Speckbacher (1997), S. 630.

[52] Klingebiel (1999), S. 15.

[53] Zur Begründung des tätigkeitsorientierten Performance-Verständnisses vgl. Bouffier (1950), S. 8 und Becker (1951), S. 121ff.

[54] Vgl. Krause (2005), S. 20 i. V. m. Gilles (2005), S. 20.

[55] Zum Zusammenhang von Performance Measurement und Performance vgl. Lohmann et al. (2004), S. 268.

[56] Vgl. Pietsch, Memmler (2003), S. 37; Fortuin (1988), S. 1, Globerson (1985), S. 639.

bezeichnet werden, dienen wie die traditionellen Kennzahlen der Verdichtung betriebswirtschaftlicher Informationen.[57] Jedoch unterscheiden sie sich erheblich in ihrer Bildung und Aussagekraft.

Kennzahlen sind sowohl Einzelzahlen als auch Verhältniszahlen[58], die einzelne Sachverhalte in konzentrierter Form quantitativ erfassen. Diese Definition impliziert, dass sie den zu bemessenden Tatbestand auf Basis von direkt mit ihm zusammenhängenden Informationen abbilden.[59] Eine solche Verhältnis-Kennzahl ist z. B. die Reklamationsquote, die sich aus dem Quotienten aus den an der Beschwerdestelle eingegangenen beanstandeten Produkten und der in der Fertigung gemessenen gesamten Produktionsmenge berechnet.

Im Gegensatz dazu verfolgen Indikatoren einen indirekten Messansatz,[60] indem sie einen Sachverhalt durch eine Größe darstellen, die mit ihm (lediglich) in einem hohen inhaltlichen Zusammenhang steht. So können beispielsweise qualitative Aspekte wie Kundenzufriedenheit nicht direkt gemessen werden. Zur Ermittlung solcher Indikatoren müssen daher Kriterien wie die Reklamationsquote herangezogen werden, „ … die in einem Kausalzusammenhang mit dem eigentlichen Ziel stehen."[61]

Zur Verdeutlichung wird die Indikator-Definition von H. Ulrich und G. J. B. Probst angeführt, über die anschließend der Begriff des Key Performance Indicators (KPI) hergeleitet werden soll:

„Indikatoren sind jene Elemente und Beziehungen, deren Veränderung uns wesentliche Veränderungen der Gesamtsituation anzeigen."[62]

---

[57] Vgl. Weber (1998), S. 197; Meyer (1994), S. 1f; Küpper (1997), S. 317.
[58] Vgl. Botta (1997), S. 16; zu Verhältniszahlen bzw. Ratios vgl. Dyckhoff (1986), S. 849ff.
[59] Vgl. Schrank (2002), S. 17.
[60] Der indirekte Messansatz umfasst auch den direkten Ansatz der Kennzahlen, da auch Größen, die direkt miteinander korrellieren, einbezogen werden können.
[61] Gilles (2005), S. 17.
[62] Ulrich, Probst (1995), S. 186.

Diese Indikatoren können nach Burke et al. nach zwei Dimensionen von Performance-Objekten klassifiziert werden:[63]

- Die Klasse der quantitativen Indikatoren spiegeln, ähnlich den traditionellen Kennzahlen, (leicht) messbare bzw. i. S. v. Neely et al. quantifizierbare[64] Sachverhalte wider. Sie werden in „Inputs" und „Outputs" unterschieden[65], die analog zu den gängigen Kennzahldefinitionen finanzielle bzw. produktionstechnische Informationen darstellen.

- Qualitative Indikatoren bilden qualitative Performance-Aspekte ab, die sich aufgrund ihrer immateriellen Basis nicht (leicht) quantifizieren lassen. Hier können ebenfalls zwei Arten von Indikatoren unterschieden werden: die „Outcomes" und „Processes". Der zugrunde liegende indirekte Messansatz ermöglicht auch die Bewertung immaterieller Werte und erweitert an dieser Stelle den Kennzahlansatz.[66] Speziell durch den starken Bezug der „Outcomes" zu den Stakeholder-Erwartungen und dem Stakeholder-Nutzen, können so Promotoren für Performance von Organisationen identifiziert werden.

Demzufolge besitzen Indikatoren eine Operationalisierungs- und Messfunktion[67], da sie durch die Einbeziehung von Objekten, die die Performance tendenziell anzeigen, die Basis für das Performance Measurement schaffen.[68] Durch die indikatorbasierte Konkretisierung der abstrakten Performanceobjekte können diese nun und zur Messung der Unternehmenszielerreichung bzw. als PIs einer Organisation verwendet werden.[69]

KPIs unterscheiden sich definitorisch von PIs durch ihre begriffsimplizite „Schlüssel"-Funktion und Bedeutung:

---

[63] Vgl. Burke et al. (2002), 15ff.
[64] Neely et al. (1995), S. 80.
[65] Zur Unterscheidung von Input- und Outputindikatoren vgl. Schmidberger (1994), S. 299f; und Seidenschwarz (1992), S. 136.
[66] Siehe auch Fn. 60. Manche Autoren unterscheiden harte und weiche Kennzahlen, gehen dabei aber mit dem Indikator-Gedanken konform. Vgl. Scheibeler (2002), S. 4.
[67] Zur Mess- und Operationalisierungsfunktion vgl. Schmidberger (1994), S. 297 f.
In diesem Zusammenhang leitet A. Hoffjan zusätzlich eine aus den beiden anderen Funktionen resultierende Motivationsfunktion ab. Vgl. Hoffjan (1997), S. 290. Die Motivationsfunktion kann auch mit einem Anreizsystem nach Klingebiel gleichgesetzt werden. Vgl. Klingebiel (2001), S. 20. Diese Funktion ist an dieser Stelle jedoch ohne Belang und wird daher nicht weiter erläutert.
[68] Vgl. Karlowitsch (2000), S. 81 i. V. m. Hoffjan (1997), S. 289f.
[69] Vgl. Karlowitsch (2000), S. 81 i. V. m. Schmidberger (1994), S. 297f.

„Der Begriff Key Performance Indicator (KPI) drückt aus, dass nur solche Indikatoren definiert werden, die für den Fortbestand einer Organisation wesentliche Performance-Aspekte messen.“[70]

Mit anderen Worten konzentrieren sich die KPIs auf die wichtigsten Performance-Größen einer Unternehmung. Dies geschieht durch die Verdichtung bzw. Zusammenführung von „Sub“-PIs in einen übergeordneten „Schlüssel“-Indikator. Somit bilden KPIs die geeignete Informationsgrundlage zur Steuerung eines Unternehmens und sind folglich die adäquaten Objekte zum Ausweis der Unternehmens-Performance in einem MC[71] für die Unterstützung der Entscheidungsträger.[72]

2.2.3 Performance Measurement

Nun sollen die im Vorfeld diskutierten Grundgedanken und getroffenen Annahmen zur Performance und deren Repräsentanten in Form der Indikatoren aufgegriffen und im Rahmen des Performance Measurement (PM) zusammengeführt werden. Im Zentrum der Betrachtung stehen dabei die Erläuterung des PM-Verfahrens und dessen Nutzen für das Management.

2.2.3.1 Begriffsdefinition

Als PM wird der „ ... [kontinuierliche] Prozess der [integrierten] Performancequantifizierung ... “[73] zur Bemessung der Effektivität und Effizienz abgeschlossener Handlungen verstanden.[74] Dazu werden PIs bzw. KPIs für die Evaluierung der Performance-Potentiale einer Organisation definiert und ausgewertet. So kann die Performance eines Unternehmens mit Hilfe entspre-

---

[70] Krause (2005), S. 48.
[71] Zur Begründung der Eignung von KPI für die Darstellung in einem MC vgl. dessen Anforderungen in Kapitel 2.1 Management Cockpit, S. 5. Im Speziellen Fn. 8 und Fn. 11, da KPI zur Reduktion der Informationsflut durch kompakte und aktuelle Informationen dienen.
[72] Hinsichtlich der Unterstützungsfunktion von Kennzahlen und somit auch Indikatoren bei der betrieblichen Entscheidungsfindung. Vgl. Reichmann (1997), S. 19f.
[73] Neely (1998), S. 5; Neely, Gregory, Platts (1995), S. 80.
[74] Vgl. dazu auch die Performance-Definition in Kapitel 2.2.1 Performance, S. 12.

chender (Effizienz-)Indikatoren erfasst und der tatsächliche Zielerreichungsgrad (durch Ermittlung der Effektivität) bestimmt werden.[75]

Diesen Überlegungen folgend, lassen sich in Anlehnung an A. Sturm eine enge und eine weite PM-Definition ableiten:[76]

- Das Performance Measurement i. e. S. reduziert das PM, in Anlehnung an die direkte Übersetzung, auf den reinen Messvorgang, der als operatives Instrumentarium die systematische Zuordnung von Zahlen bzw. Daten zu den Ausprägungen der Steuerungsgrößen bzw. Indikatoren beinhaltet.[77]

- Die Definition des Performance Measurement i. w. S. umfasst neben der Bildung und Auswahl geeigneter Indikatoren auch die Entwicklung von Bewertungsmaßstäben und die darauf aufsetzende Performance-Beurteilung unternehmenszielbezogener Aktivitäten. In diesem Kontext wird das PM zu einem Strategieinstrument der Unternehmensführung.[78]

2.2.3.2 Performance Measurement als operatives und strategisches Instrument der Unternehmensführung

Insbesondere der Vorgang zur Bildung[79] von Indikatoren offenbart den starken Strategiebezug[80] des PM, da die Modellierung der KPIs mit Ausrichtung auf die Unternehmensziele erfolgt.[81] Die Mission und Vision einer Organisation wird durch Indikatoren verschiedenster Dimensionen[82] in einem PMS abgebildet und durch das PM in integrale Ursache-Wirkungs-Beziehungen gesetzt.[83] So ist gewährleistet, dass „ … genau das gemessen wird, was für die Umsetzung der Strategie wirklich

---

[75] Vgl. Sturm (2000), S. 63.

[76] Vgl. ebd., S. 63.

[77] Vgl. Riedl (2000), S. 19.

[78] Siehe auch die Ausführungen zum MC hinsichtlich der strategischen Unternehmensführungsfunktion. Vgl. Kapitel 2.1 Management Cockpit, S. 6.

[79] Der Vorgang der Definition von aussagekräftigen PI ist ein unternehmensindividueller Prozess. In Kapitel 3.2.1.2.2 Indikatoren des Human Capital, S. 40 wird er anhand der Beispielsunternehmens detailliert und soll hier nicht weiter ausgeführt werden.

[80] Zum Strategiebezug vgl. Berliner, Brimson (1988), S. 159ff, und Eccles (1991), S. 133.

[81] Vgl. Harengel (2000), S. 41f. J. Harengel weißt zudem auf die Stakeholder-Orientierung als eines der wichtigsten Merkmale des PM-Ansatzes hin und betont den positiven Einfluss auf die strategische Ausrichtung des Unternehmens. Ebd., S. 41.

[82] R. Gleich nennt hier z. B. Kosten, Zeit, Qualität, Innovationsfähigkeit und Kundenzufriedenheit. Gleich (1997), S. 115.

[83] Vgl. Riedl (2000), S. 20.

wichtig ist"[84] und die „ ... strategisch wichtigen, für den Erfolg der Unternehmens-strategie ausschlaggebenden Prozesse ... "[85] identifiziert werden können.

Durch die Implementierung eines kontinuierlichen PM-Prozesses erhält das Management die benötigten Informationen bzgl. der Performance ihrer Organisation. Auf operativer Ebene können so die internen Unternehmensprozesse durch Soll/Ist-Vergleiche hinsichtlich ihrer Zielerreichung und Effektivität überwacht werden. Die gewonnen Ergebnisse können dann als Grundlage für notwendige strategische Entscheidungen zur Verbesserung der Unternehmens-Performance genutzt und im Nachhinein auf dieselbe Art und Weise verifiziert werden.

2.2.4 Performance Measurement vs. Traditionelle Kennzahlensysteme

Die mit Hilfe des PM evaluierten Informationen unterscheiden sich stark von denen traditioneller Kennzahlensysteme. Infolgedessen sollen hier die Vorteile des PM im Vergleich zu traditionellen Kennzahlensystemen vorgestellt und sowie dessen Ziel vorgestellt werden. Die Abbildung 3 stellt dazu das PM[86] den traditionellen Kennzahlensystemen in den drei ausschlaggebenden Dimensionen gegenüber.

Es ist offensichtlich, dass das PMS die inhaltlichen Grenzen der traditionellen Kennzahlensysteme erweitert. Am deutlichsten zeigt sich dies in der Ziel-Dimension, deren Umfangszunahme aus der Ausdehnung des PM in den beiden anderen Dimensionen resultiert.

Das traditionelle Rechnungswesen definiert die Unternehmensleistung[87] ausschließlich im operativen Sinne mit finanziellen Größen wie Erfolg und Liquidität[88].

---

[84] Pietsch, Memmler (2003), S. 34. Mit „das" meinen T. Pietsch und T. Memmler die erfolgskritischen Messgrößen in Form von KPI.

[85] Wicki-Breitinger (2000), S. 81. H. T. Johnson beschreibt die internen Prozesse als wichtige Treibergröße für die Wettbewerbsfähigkeit eines Unternehmens. Vgl. Johnson (1992), S. 3f.

[86] Implizit ist dies auch eine Gegenüberstellung des Performance Managements und der traditionellen Kennzahlensysteme, da das PM integraler Kern-Bestandteil eines Performance Management Systems ist. Vgl. das folgende Kapitel 2.2.5 Performance Measurement System vs. Performance Management System, S. 21.

[87] In diesem Zusammenhang wird bewusst der „Leistungs"-Begriff verwendet, da traditionelle Kennzahlensysteme nicht die Unternehmensleistung im Sinne der definierten Performance ermitteln können. Vgl. Kapitel 2.2.1 Performance, S. 13.

[88] Die Literatur bezeichnet diese Größen als Formalziele, die sich auf die nominalen Aspekte des Wirtschaftslebens beziehen und als alleinige Zielorientierung der traditionellen Kennzahlensysteme angesehen werden. Die als Sachziele verstandenen Aktivitäten des Unterneh-

Daher basieren die klassischen (Finanz-)Kennzahlen[89] auf rein monetären Daten, die primär aus dem Zahlenwerk des Finanz- und Rechnungswesens stammen.[90] Diese Daten sind aufgrund der Zeitdilatation zwischen ihrer Entstehung und Verfügbarkeit lediglich für vergangenheitsorientierte Betrachtungen[91] zur Bestimmung kurzfristiger Ziele von Nutzen. Dies lässt sich gut an der Erstellung der Bilanz und des Jahresabschlusses vergegenwärtigen, die zu einem Stichtag am Ende des Geschäftsjahres einen zeitpunktbezogenen Überblick der Lage des Unternehmens über die vergangene Geschäftsperiode darstellen.[92]

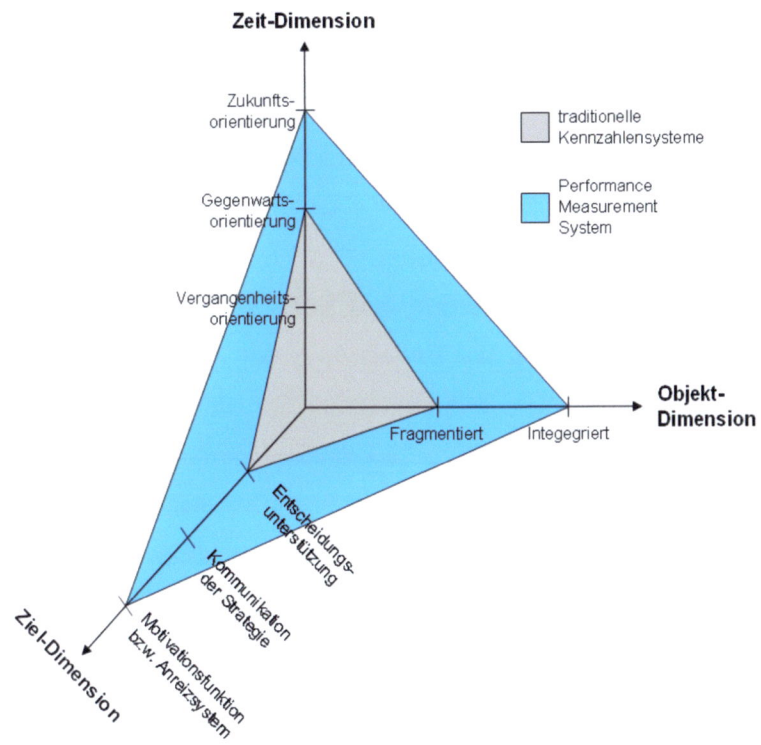

Abbildung 3 – Performance Measurement vs. traditionelle Kennzahlensysteme[93]

Für die zukunftsorientierte Ausrichtung des PM sind diese Informationen jedoch nicht ausreichend. Der geringe Strategiebezug, die mangelnde Berücksichtung der

---

mensprozesses finden dabei keine Beachtung. Vgl. Kosoil (1972), S. 223ff. und Krüger (1979), S. 160.

[89] Dies sind z. B. der Cashflow, der Return on Investment oder der Liquiditätskoeffizient.

[90] Vgl. Hahn (1991), S. 126.

[91] Zur kurzfristigen Erfolgsrechnung wird das Zahlenmaterial vergangenheitsorientiert aufbereitet und retrospektiv betrachtet. Vgl. Botta (1997), S. 40.

[92] Vgl. Baetge, Schulze (1998), S. 938.

[93] In Anlehnung an Blankenburg (1999), S. 2 i. V. m. Petzolt (2001), S. 21.

Stakeholder-Bedürfnisse[94] sowie die fragmentierte[95] Betrachtung der Unternehmens-Performance durch die traditionellen Kennzahlensysteme lassen nur bedingt Rückschlüsse auf die heutzutage verfolgten Unternehmensziele[96] zu.

Um die geforderte prospektive Sicht[97] zur Unterstützung strategischer Unternehmensentscheidungen mit Ausrichtung auf die Stakeholder-Ziele zu erreichen, werden durch die Miteinbeziehung nicht-monetärer Größen neue Informationspotentiale für das Management erschlossen. Hier kommt insbesondere der Aspekt der „ … integrierten Leistungsmessung … "[98] zum tragen, da im Rahmen des PM alle Faktoren über die PIs bzw. KPIs berücksichtigt werden, die wesentliche[99] Aufschlüsse über die Unternehmenstätigkeit und schlussendlich die Performance des Unternehmens aus Sicht der unterschiedlichen Anspruchsgruppen geben.[100] Erst die Betrachtung der objektübergreifenden Indikatoren ermöglicht somit die langfristige strategische Performance-Bewertung eines Unternehmens.

Aus der konsequenten Formulierung und Betrachtung der unternehmenszielkongruenten Indikatoren folgt die Erweiterung der Ziel-Dimension im Hinblick auf die Kommunikations- und Motivationsfunktion des PM. Die Kommunikationsfunktion umfasst dabei die Prozesse der Strategiefindung, der strategischen Zielbildung sowie dessen dialogische Koordination zwischen den unterschiedlichen Anspruchsgruppen.[101] Eng damit verbunden ist ebenfalls die Anreiz- bzw. Motivationsfunktion des PM, die im Rahmen der Personalführung[102] durch die performanceabhängige Honorierung oder Sanktionierung ein unternehmenszielkonformes Mitarbeiterverhalten fördern soll.[103] Durch die Umsetzung der Kommunikations- und Motivationskomponenten lassen sich Synergieeffekte zwischen den Anspruchgruppen erzielen und das „ … Commitment der ausfüh-

---

[94] Vgl. Klingebiel (1997), S. 656.
[95] Lynch, Cross (1995), S. 38
[96] Derzeit stellen die auch in dieser Arbeit fokussierten Stakeholder-Bedürfnisse die zu verfolgenden Unternehmensziele dar. Vgl. dazu auch Kapitel 2.2.1 Performance, S. 13f.
[97] Zu Forderung der Zukunftsorientierung des PM vgl. Horváth (1996), S. 244f.
[98] Vgl. Linser (2005), S. 70. A. Linser unterscheidet von der Begrifflichkeit zwischen Leistung und Performance, meint im Kontext aber den hier definierten Performance-Begriff.
[99] Zur Wesentlichkeit vgl. Geanuracos, Meiklejohn (1993), S. 67.
[100] Vgl. ebd. (1993), S. 34f.
[101] Vgl. Norton, Kappler (2000), S. 17ff.
[102] Vgl. Weber (1998), S. 271ff.
[103] Vgl. Riedl (2000). S. 47.

renden Personen zur strategischen Ausrichtung des Unternehmens … "[104]

herbeiführen.

2.2.5 Performance Measurement System vs. Performance Management System

Mit den beschriebenen Aufgaben und Methoden spielt das PM in einem Performance Management System eine zentrale Rolle. Die Abbildung 4 stellt das PM im Bezugsrahmen des Performance Management Systems dar.

Abbildung 4 – Performance Measurement System vs. Performance Management System[105]

Als Teilbereich des Performance Management-Prozesses[106] hat das PM die Aufgabe, die benötigten PI bzw. KPI auszuwählen bzw. zu identifizieren, zu

---

[104] Pietsch, Memmler (2003), S. 46.

[105] Eigene Darstellung in Anlehnung an Linser (2005), S. 69 i. V. m. Klingebiel, (1999), S. 13ff und S. 16; Rummler, Brache (1995), S. 160; Brunner, Sprich (1998) S. 33f.

[106] Zur Einordnung des PM als Komponente des Performance Managements vgl. Klingebiel (1998), S. 2ff, Merchant, Bruns (1986), S. 23ff.

bilden und aufzubereiten, zusammenzuführen, zu analysieren sowie zu kommunizieren.[107]

Insbesondere der Kommunikationsfunktion kommt im Rahmen des PM eine besondere Bedeutung zu,[108] da sie das Bindglied zwischen alle immanenten Funktionen und Methoden des PM sowie zum übergeordneten Performance Management System darstellt.[109] J. B. Riedl bezeichnet sie als Basisfunktion und Voraussetzung für alle anderen Funktionen und betont ihre Notwendigkeit für die Motivationsfunktion[110], Performance-Kontrolle und Entscheidungsfindung.[111]

Aufgrund seiner Abgeschlossenheit innerhalb des Performance Managements hat das PM ebenfalls Systemcharakter. Besonders die beschriebene Entscheidungsunterstützungs- und Kommunikationsfunktion eines solchen Performance Measurement Systems (PMS) stellen den inhaltlichen Bezug zum MC-Gedanken her. Durch das MC, als analytisches Informationsinstrument, werden beide Funktionen eines PMS abgebildet und somit das PM als operatives und strategisches Unternehmensführungsinstrument unterstützt.

2.3 Data Warehouse System

Der folgende Abschnitt verfolgt das Ziel, Sinn und Zweck des Data Warehousings (DW) darzustellen und seine Eignung als Speicherform für ein MC zu erläutern.

Zuerst werden im Hinblick auf die Ausrichtung dieser Arbeit die wesentlichen Entwicklungsschritte analytischer Informationssysteme bis zum Data Warehouse System skizziert. Anschließend werden die Aspekte der multidimensionalen Datenhaltung erläutert und mit der Speicherform operativer, nicht-analytischer Anwendungssysteme verglichen. Damit werden auch implizit die Anforderungen eines MC zur Unterstützung des PM beschrieben, die sich mit

---

[107] Vgl. Simons (2000), S. 7; Horngren, Sundem, Stratton (1996), S. 10f; ebd. (2005), S. 68f.; Riedl (2000). S. 20.

[108] Vgl. Linser (2005), S. 68.

[109] Vgl. dazu auch Abbildung 4, S. 21.

[110] Vgl. Kapitel 2.2.4 Performance Measurement vs. Traditionelle Kennzahlensysteme, S. 20.

[111] J. B. Riedl spricht von der Informationsversorgungsfunktion des PM im Rahmen des Performance Management, welche analog zur Kommunikationsfunktion aufgefasst werden kann. Vgl. Riedl (2000). S. 74.

dem Data Warehouse-Gedanken decken. Dazu werden die durch das DW gegebenen Voraussetzungen für ein effizientes Reporting und die Zusammenführung der relevanten Informationen für das PM diskutiert.

2.3.1 Geschichte analyseorientierter Informationssysteme

Die Entwicklung analyseorientierter Informationssysteme soll hier in chronologischer Reihenfolge anhand der drei bekanntesten Ausprägungen von MSS, die seit 1960 dekadisch vorgestellt wurden, beschrieben werden.

Dabei steht das Pseudonym MSS für „ … alle Varianten der elektronischen Unterstützung betrieblicher Entscheidungsträger bei der Abwicklung ihrer Aufgaben durch analyseorientierte Informationssysteme … "[112]. Es umfasst unter anderem die folgenden drei Ansätze[113] zur Entscheidungsfindung durch Informationstechnologie (IT) in Unternehmen:

- Management Information Systems (MIS) bzw. Managementinformationssysteme

- Decision Support Systems (DSS) bzw. Entscheidungsunterstützungssysteme

- Executive Information Systems (EIS) bzw. Führungsinformationssysteme

2.3.1.1 Management Information System

Kurz nach der Einführung von Datenbanken in den sechziger und siebziger Jahren „ … entstand der Wunsch nach Software, die dem Management die für dessen Analysen und Planungstätigkeiten benötigten Informationen zur Verfügung stellt."[114]

---

[112] Vgl. Hahne (2005), S. 5ff. Bemerkenswert ist auch die Forderung von Gluchowski et al. (1997), S. 32, dass MSS „…darauf ausgelegt sein [müssen], .. Assistenzaufgaben erschöpfender, schneller und methodisch exakter auszuführen" als Stabstellen-Mitarbeiter.

[113] Viele Autoren (Gluchowski et al. (1997), S. 28; Guthunz (1994), S. 231; Hahne (2005), S. 5 oder Oehler (2000), S. 11ff.) betrachten das Akronym MSS als Oberbegriff für MIS, DSS und EIS. Jedoch ist die Definition des MSS nicht eindeutig. Neben den drei genannten Ausprägungen, finden sich in der Literatur noch eine Vielzahl weiterer Informationssysteme wie das Computer Information System, Executive Support System, Expert System oder Strategic Information System die dem MSS untergeordnet werden. (Muncha (1990), S. 217ff.; Zahn (1981), S. 145ff.).
Zudem wird die Bezeichnung des MSS ebenfalls häufig Synonym mit MIS verwendet, was darauf zurückzuführen ist, dass mit den MIS das MSS Paradigma eingeleitet wurde.

[114] Hannig (1998), S. 1.

Erste Versuche, aufbereitete Entscheidungsinformationen aus den operativen Datenbeständen zu gewinnen, wurden mit der Entwicklung von MIS eingeleitet. Unter MIS verstand man umfassende Informationsmodelle, die zur „ … periodisch aktualisierten Berichterstattung über alle Managementebenen zentral aggregierte Informationen bzgl. aller wohl-strukturierten Management-aufgaben und Geschäftsaktivitäten … "[115] bereitstellen sollten.

Dieser Ansatz war jedoch zum Scheitern verurteilt, da – entgegen den postulierten Anforderungen – der technischen Informationsversorgung[116] mehr Bedeutung zugemessen wurde, als der für die Entscheidungsträger wichtigeren Informationsverwendung.[117]

2.3.1.2 Decision Support System

Anfang der siebziger Jahre wurde mit der Entwicklung von DSS ein zweiter Anlauf zur Implementierung von MSS gestartet. Dieser Ansatz war mehr auf die Verbesserung der Entscheidungsqualität bzw. Informationsverwendung fokussiert.

Im Laufe der Jahre wurden DSS in der Literatur in immer anderen Ausprägungen aus verschiedensten Perspektiven und Anforderungsprofilen heraus definiert.[118] Gemeinsam ist allerdings allen DSS-Konzepten, dass durch „ … eine Kombination von [Modellen,]Methoden, Datenbeständen und dem Intellekt des Benutzers interaktiv eine Entscheidung … "[119] für semi-strukturierte Aufgabenstellungen abgeleitet werden konnte. Auf die operativen Datenbestände wurde dabei nicht mehr direkt zugegriffen, sondern eine zweite unabhängige Datenbank aufgebaut, die nur die zur Abbildung des Modells relevante Datenbasis enthielt. Der Anwender musste für jede aufgabenspezifische Fragestellungen bzw. Entscheidung ein eigenes Modell entwickeln.[120] So entstanden

---

[115] Vgl. Gluchowski et al. (1997), S. 150.

[116] Jedoch konnte auch die technische Informationsversorgung nur unzureichend gewährleistet werden, da die hardwaretechnischen Voraussetzungen wie Speicherkapazität und Rechenleistung sowie die eingesetzten Programmiersprachen und Datenmodelle dem Postulat der MIS nicht gewachsen waren. Vgl. Behme (1992), S. 179.

[117] Vgl. Reichwald et al. (1984), S. 85ff; Oehler (2000), S. 11ff.

[118] Vgl. Gluchowski et al. (1997), S. 167. Gluchowski et al. geben in Anlehnung an Kleinhans et al. (1992), S. 4 einen Überblick über die divergierenden Begriffsauffassungen von DSS.

[119] Oehler (2000), S. 12.

[120] Vgl. Heilmann (1987), S. 11f. Dieser Trend wurde durch die aufkommenden Tabellenkalkulationsprogramme noch verstärkt. Vgl. Gluchowski et al. (1996), S. 87.

„ ... zwangsläufig [losgelöste] Insellösungen .. "[121], die eine Integration der Datenbestände unmöglich machten und dazu führten, dass DSS nur durch modell- und methodenorientierte Fachkräfte eingesetzt werden konnten.[122] Die daraus resultierende mangelnde Akzeptanz in den höheren Führungsetagen sowie den immer noch vorhandenen Schwächen – insbesondere bei der Einbindung von externen Datenbeständen und der komplexen Handhabung[123] – vereitelten, dass sich die DSS als ganzheitliches Werkzeug zur Management-unterstützung durchsetzten konnten.

2.3.1.3 Executive Information System

Mitte der achtziger Jahre stieg erneut das Interesse des Top-Managements an MSS. Durch die Trends zur Internationalisierung und Dezentralisierung von Unternehmen und der Erkenntnis, dass der Unternehmenserfolg entscheidend mit dem Informationsvorsprung vor den Wettbewerbern verbunden ist, erlebten die MSS in Form der EIS eine Renaissance.[124]

Der Kern des EIS-Gedankens liegt in der managementgerechten Aufbereitung von harten und weichen Informationen zum Status der unternehmensspezifi-schen kritischen Erfolgsfaktoren und dem Monitoring der Gesamtleistung des Unternehmens.[125] Die EIS boten den Anwendern dazu vielfältige Analyse- und Visualisierungswerkzeuge, mit denen schnell und gezielt Informationen für Planungen und Entscheidungen abgerufen werden konnten. Unter „ ... Einbeziehung aller verfügbaren multimedialen Gestaltungswerkzeuge ... "[126] wurden die Endscheidungsträger speziell bei der qualitativen Informati-

---

[121] Heilmann (1987), S. 11f: „DSS sind demnach entscheidungsunterstützende Systeme, die auf begrenzte Aufgaben(klassen) bzw. Entscheidungen (Entscheidungsklassen) zugeschnitten sind und per se zwangsläufig Insellösungen bilden."

[122] Die oberen Führungsebenen bezogen ihre Informationen nicht im Dialog mit einem MSS bzw. DSS, sondern durch verbale Kommunikation bei Verhandlungen, Besprechungen und Telefongespräche. Vgl. Guthunz (1994), S. 33; Rockart (1982), S. 82. Vgl. auch den letzten Halbsatz in Fn. 8.

[123] Die aufwendige Entwicklung von Modellen zur Unterstützung des Entscheidungsprozesses mit Hilfe der DSS widerspricht der Arbeitsweise von Top-Managern. Vgl. Little (1970), S. 466.

[124] Vgl. dazu auch das Zitat von J. H. Daum auf S. 1.

[125] Vgl. Gluchowski et al. (1996), S. 203.

[126] Vgl. Gluchowski et al. (1996), S. 227.

onsselektion durch Techniken wie das Exception Reporting unterstützt.[127] So konnten die aus den unternehmensweiten Datenbeständen gewonnenen Informationen hinsichtlich der sehr unstrukturierten und komplexen Fragestellungen klar und verständlich präsentiert werden.

Dennoch erfüllten auch EIS die Erwartungen nicht ganz. Es war noch immer nicht möglich den Entscheidungsträgern in Unternehmen schnell, gezielte und vor allem verlässliche Informationen zur Verfügung zu stellen, damit diese exakt planen und die richtigen Entscheidungen treffen konnten. EIS konnten das zugrunde liegende Datenmaterial zwar zusammenführen, aber weder von Fehlern befreien noch konsolidieren oder harmonisieren. Da fehlerhafte, unvollständige und inkonsistente Datenbestände jedoch der betriebliche Normalfall sind,[128] entstand die Notwendigkeit, die Rohdaten der unterschiedlichsten Datenquellen von Fehlern bereinigt sinnvoll zusammenzuführen. Diese war mit den Mitteln der EIS nicht zu bewerkstelligen.

2.3.2 Data Warehouse System

Die Schwierigkeiten bei der Informationsgewinnung aus operativen Datenbeständen stellten die größte Schwachstelle während der Entwicklungsgeschichte von MSS dar. Die für Analysezwecke ungeeigneten Daten der operativen Systeme enthalten jedoch den Großteil der benötigten Informationen, weswegen eine Lösung für diese Problematik gefunden werden musste: Das Data Warehouse (DWH).

2.3.2.1 Ausgangslage

Trotz der stetigen Weiterentwicklung und Verbesserungen bei der Umsetzung von MSS wurde dem Problemfeld der Datenextraktion aus den operativen Quellsystemen und beliebigen anderen Datenquellen bis zuletzt zu wenig Beachtung geschenkt. Dadurch wurde die Informationsgewinnung grundsätzlich

---

[127] Vgl. Rieger (1990), S. 504. Andere Autoren nennen noch weitere Techniken zur Informationsselektion. Vgl. Gluchowski et al. (1996), S. 216ff.

[128] Z. B. durch manuelle Eingabe von Daten oder aufgrund der dezentralen Unternehmensdatenhaltung durch nicht miteinander verknüpfte Datengruppen und/oder Datenhaltungssysteme. Vgl. Becker (1993), S. 31.

erschwert und es musste mit wenig aussagekräftigen Datenbeständen gearbeitet werden, die die MSS zuweilen sogar ad absurdum führten.[129]

Generell wird die Datenbeschaffung aus operativen Systemen zur Verwendung in analyseorientierten Informationssystemen vor allem durch

- heterogene Datenstrukturen,
- mangelnde Datenqualität,
- Personalengpässe,
- hohe Belastung der bestehenden IT-Infrastruktur
  und
- fehlende historische Daten

beeinträchtigt,[130] was auf die generelle Konzeption dieser Systeme zurückzuführen ist.

2.3.2.2 Online Transactional Processing vs. Online Analytical Processing

Operative Systeme sind für die Abwicklung des operationalen Tagesgeschäfts ausgelegt. Sie arbeiten nach dem Online Transactional Processing (OLTP) Anwendungsparadigma von Datenbanksystemen, welches die Prämissen minimaler Antwortzeiten, hoher Verfügbarkeit und höchstmöglicher Datendurchsätze[131] (Transaktionen pro Minute) verfolgt. OLTP-Systeme werden zur (Echtzeit-)Unterstützung von Sachbearbeitern eingesetzt,[132] die viele, aber primitive Transaktionen durchführen und jeweils nur wenige Datensätze mit autonomen und aktuellen Informationen betreffen.

Im Gegensatz dazu stehen beim Online Analytical Processing (OLAP) komplexe Analysevorhaben im Vordergrund, die sich auf die Auswertung großer Datenvolumina mit historisierten, integrierten und konsolidierten Informationen konzentrieren.[133]

---

[129] Aufgrund von mangelnder Datenqualität ist bereits eine Vielzahl von Projekten zur Entwicklung analytischer Informationssysteme gescheitert. Vgl. Helfert (2000), S. 65.

[130] Vgl. Berson, Smith (1997), S. 12; Wieken (1999), S. 13ff.

[131] Bei OLTP-Systemen wird hier zum Benchmarking die Anzahl Transaktionen pro Minute gemessen. Vgl. Kay (2003), S. 20.

[132] OLTP-Systeme unterstützten „ ... die Verwaltung der operativen Arbeitsbereiche von Organisationen [und] sammeln detailliert die Informationen der Organisationsteilbereiche. Chamoni, Zeschau (1996), S. 48f. oder Jahnke et al. (1996), S. 321.

[133] W. Kay stellt die Unterschiede zwischen OLTP und OLAP auf technischer Ebene durch einen Benchmark-Vergleich dar. Vgl. Kay (2003), S. 70. A. Varouvas stellt einen Vergleich auf der inhaltlichen Datenebene an. Vgl. Varouvas (2002), S. 8f.

Dies impliziert, dass das Anforderungsprofil an OLAP-Anwendungen aus Anwendersicht rein lesender Natur ist und nicht wie bei OLTP-Systemen ebenfalls der Erfassung von Daten eine wesentliche Bedeutung zukommt.[134]

2.3.2.3 Multidimensionale OLAP-Analysesysteme

Die Kerninhalte des OLAP-Konzepts werden durch die von N. Pendse aufgestellten FASMI-Regeln für den Aufbau multidimensionaler Analysesysteme prägnant spezifiziert.[135] Die Buchstaben des englischen Akronyms stehen im Einzelnen für:[136]

- Fast : Entscheidungsträgern sollen in kurzer Zeit Ergebnisse für Ihre Abfragen präsentiert werden. Dabei muss der Großteil der (einfachen) Queries innerhalb weniger Sekunden beantwortet werden, wohingegen auch komplexe Abfragen maximal 20 Sekunden benötigen dürfen.[137]

- Analysis : Die Führungskräfte sollen selbstständig auch komplexe Queries zur Beantwortung ihrer Fragestellungen unter Berücksichtigung aller denkbaren logischen Verknüpfungen ohne großen Programmieraufwand erstellen können.

   of

- Shared : Das OLAP-System muss für den Mehrbenutzerbetrieb ausgelegt sein und allen angemeldeten Anwendern, mit

---

[134] Nach den von E. F. Codd aufgestellten 12(+6) Grundregeln für die Unterstützung von Analyseaufgaben durch OLAP, wird eine OLAP-Datenbank auch zur Eingabe von Plandaten, zur Berechnung von Forecasts und Durchführung von Simulationen verwendet. Diese Eingabendaten werden allerdings separat von den Basisdaten gespeichert und beeinflussen die operativen Datenbestände nicht. Vgl. Codd et al. (1993), 87ff.

[135] Es existieren eine Reihe weiterer Publikationen (u. a. vgl. Codd et al. (1993), 87ff oder vgl. Farner (1995), S. 30f) zur Beschreibung des OLAP-Begriffs, die im Gegensatz zu den FASMI-Regeln alle von Softwarehäusern initiiert wurden. Daher kann Ihnen ein kommerzielles Interesse unterstellt werden, zumal sich die Regeln stark an den Eigenschaften der jeweiligen proprietären Softwareprodukte orientieren.

[136] Vgl. Pendse (2000), http://www.olapreport.com; Vgl. Harengel (2000), S. 234; Vgl. Stahlknecht (1997), S. 434.

[137] Vgl. Oehler (2000), S. 33; Diese Forderung macht aufgrund des typischen Verhaltens der Anwender Sinn: „An independent research in The Netherlands has shown that end-users assume that a process has failed if results are not received with 30 seconds, and they are apt to hit 'Alt+Ctrl+Delete' unless the system warns them that the report will take longer. Even if they have been warned that it will take significantly longer, users are likely to get distracted and lose their chain of thought, so the quality of analysis suffers." Pendse (2000), http://www.olapreport.com.

Hilfe entsprechender Zugriffsschutz- und Lockingme-
chanismen, die angeforderten Daten zur Verfügung stellen können.

- Multidimensional : Die Informationen müssen multidimensional unter zu
Hilfenahme von Dimensionen und Hierarchien struktu-
riert werden können.

- Information : Alle aus betriebswirtschaftlicher Sicht relevanten
Informationen sollen den Anwendern transparent und
zugänglich gemacht werden.

Die skizzierten FASMI-Grundsätze beschreiben analytische Systeme im Wesentlichen aus der Perspektive des Benutzers. Daher sind sie zwar weniger
umfassend als beispielsweise die OLAP-Spezifikation nach den Evaluationsre-
geln von E. F. Codd,[138] lassen dafür aber insbesondere in technischer Hinsicht
mehr Freiräume bei der Kategorisierung von multidimensionalen Systemen zum
OLAP-Konzept.

So werden den multidimensionalen OLAP-Systemen neben analytischen
Funktionen auch Methoden zur Datenmodellierung mehrdimensionaler Strukturen zugesprochen.[139] Im Allgemeinen steht der OLAP-Begriff allerdings stellvertretend für Analysewerkzeuge im Reportingbereich von MSS und wird als
integrativer Bestandteil dieser Systeme bzw. als Ergänzung von Data Warehouse-Systemen verstanden.[140]

2.3.2.4 Data Warehouse System

Der Oberbegriff des Data Warehouse-Systems (DWS) umfasst neben dem
eigentlichen DWH mit der zentralen DWH-Datenbank auch alle Verfahren und
Werkzeuge zum Befüllen bzw. Auslesen und Auswerten der verbundenen
Datenbestände. Dazu gehören die analytischen Endbenutzer-Werkzeuge für
OLAP-Auswertungen, die für den Extraktions-, Transformations- und La-

---

[138] Vgl. Codd et al. (1993), 87ff.; Vgl. Pendse (2000), http://www.olapreport.com, o. S.
[139] Der umfassende Anspruch eines DW wird durch OLAP Systeme aufgrund der Einschränkungen
nicht erfüllt. Jedoch dienen die gewollten Einschränkungen dem Zweck der Komplexitätsreduktion von Informationsbeziehungen, weswegen man OLAP Systemen nicht gänzlich Modellie-
rungseigenschaften absprechen kann. Zumal OLAP Systeme auch direkt auf operativen Systemen bzw. Cleansing-Systemen aufgesetzt werden. Vgl. Oehler (2000), S. 25f.
[140] Vgl. Inmon et al. (1997), S. 183.

de-Prozess benötigen Programme zur Datengewinnung aus den Datenquellen sowie Archivierungssysteme und das Meta-Datenbanksystem.[141] Das folgende Schaubild zeigt Umfeld, Infrastruktur und Prozesse eines DWS nach der dreistufigen Struktur[142] des SAP Business Information Warehouse 3.5:

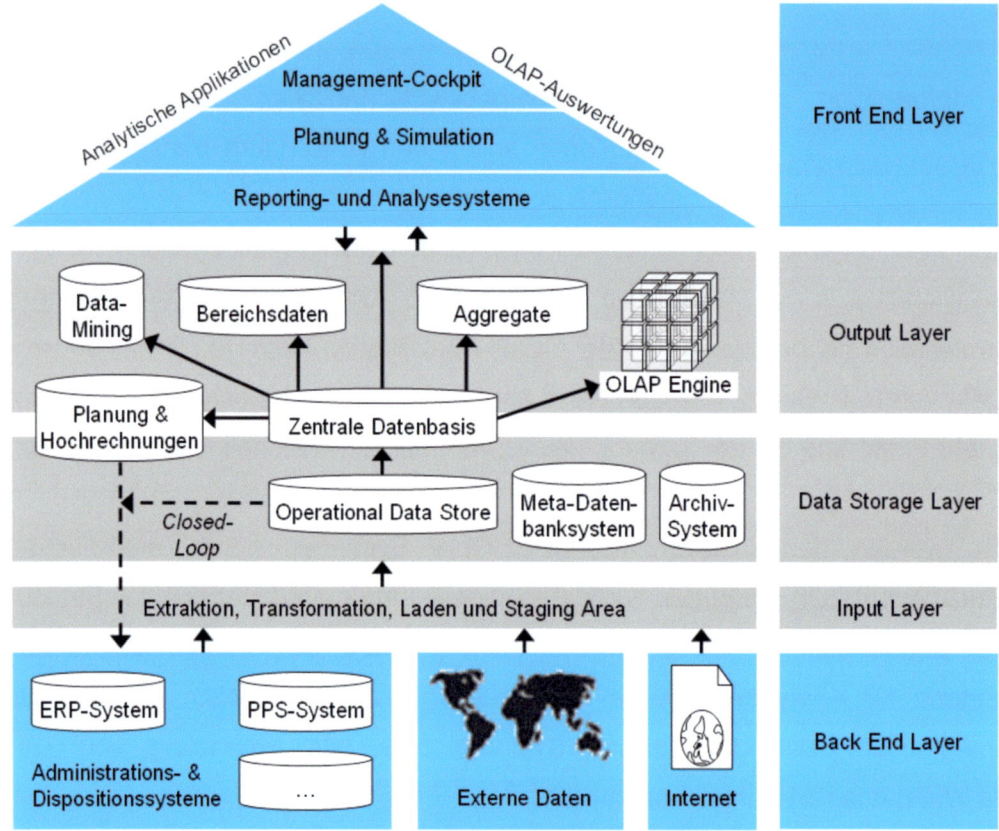

Abbildung 5 – Data Warehouse-System-Referenzarchitektur in Anlehnung an das SAP Business Information Warehouse[143]

Die DWH-Datenbank als zentrale Komponente eines DWS bildet eine von den operativen Systemen losgelöste, logisch zentralisierte, einheitliche und konsis-

---

[141] Vgl. Inmon (1992), S. 33f.

[142] Vgl. J.-H. Wieken (1999), S. 18-29. J.-H. Wieken nennt ein-, zwei- und dreistufige Strukturen sowie Diversifikationen von DW-Architekturen. Hier soll nicht weiter auf die verschiedenen Ansätze eingegangen werden, da heutzutage fast ausschließlich DW-Systeme mit einer dreistufigen Architektur aufgebaut werden und zudem lediglich diese Struktur der Inmon'schen Data-Warehouse-Definition entspricht.

[143] Eigene Darstellung in Anlehnung an Cundus AG (2005), www.cundus.de, o. S. und Thurnheer (2003), S. 11.

tente Datenbasis für die Entscheidungsfindung in MSS.[144] Ein DWH ist somit eine zweite, redundante zentrale Datensammlung.

Um den analytischen (OLAP-)Anwendungen von MSS die benötigten Informationen in geeigneter Form für Auswertungszwecke zur Verfügung zu stellen, werden in der DWH-Datenbank die entscheidungsrelevanten Daten aus den unterschiedlichsten Datenquellen zusammenführt und für betriebswirtschaftliche Datenanalysen langfristig gespeichert. Der als Urvater des DWH-Paradigmas geltende W. H. Inmon definierte 1992 ein DWH wie folgt:

„A data warehouse is a subject oriented, integrated, non-volatile and time variant collection of data in support of management's decisions."[145]

Obwohl diese nunmehr 13 Jahre alte Definition nicht unumstritten ist,[146] weil sie (aus heutiger Sicht) sehr restriktiv und abschließend formuliert wurde, ist sie dennoch für das Themengebiet dieser Ausarbeitung hinreichend. Es sei in Bezug auf den vorangegangenen Abschnitt und den folgenden Überlegungen darauf hingewiesen, dass die von W. H. Inmon formulierte DWH-Definition implizit ein multidimensionales Datenmodell fordert, da nur so die zu speichernden Daten adäquat für OLAP-Auswertungen vorgehalten werden können.[147]

Die aus internen und/oder externen Quellen stammenden Daten beziehen sich z. B. auf Kunden, Produkte oder Lieferanten (Themen- bzw. Subjekt-Orientierung) und werden in einer gemeinsamen Datenbasis zusammengefasst (Integration). Der Aspekt der Integration bzw. Vereinheitlichung der Datenbestände deutet vor allem darauf hin, dass die Daten aus verteilten und unterschiedlich strukturierten Datenbeständen zusammengeführt werden, um eine

---

[144] Vgl. Devlin (1997), S. 20.

[145] Inmon (1992), S. 29

[146] T. Zeh setzt sich mit den einzelnen Aspekten der Inmon'schen DHW-Definition kritisch auseinander und bemerkt insbesondere, dass die mentale Auffassung des DWs aufgrund von Interpretationen der Fachliteratur zu sehr auf die Entscheidungsunterstützung des Managements bzw. das Mangement-Reporting fixiert sei. Vgl. Zeh (2003), S. 32f und 35. Dieser Autor weitet die Anwendbarkeit der DWH-Technik aus, indem er postuliert: „Not for management needs only – but for business needs in general!" Zeh (2003), S. 36.

[147] Letztlich übernimmt diese Aufgabe in den meisten DWH-Implementierungen jedoch die sog. OLAP-Engine, die die zumeist relational gespeicherten Daten für die Auswertungen entsprechend aufbereitet. Dies soll hier jedoch vorerst aus Integritäts- und Verständnisgründen für die theoretische Erfassung der Thematik ignoriert werden. Vgl. dazu Kapitel 3.3.4.3 OLAP Engine, S. 61.

globale Sicht auf die Quelldaten und damit übergreifende Auswertungen zu ermöglichen.[148] Diese Daten werden separat im DWH gespeichert bzw. periodisch aktualisiert und repräsentieren somit den Informationsstand zu einem bestimmten Zeitpunkt (zeit-basierend). Aufgrund der Zeitorientierung des Datenbestands liefern die integrierten Datensammlungen bei Analysen reproduzierbare Ergebnisse (Unveränderlichkeit bzw. Nicht-Volatilität der Daten).[149]

2.3.2.5 Data Warehouse als Datenbasis für das Mangement Cockpit

Die beiden zuletzt genannten Bestandteile der Inmon'schen DWH-Definition verdeutlichen nochmals den Unterschied zwischen operativen und analytischen Systemen und unterstreichen die Eignung des DWH als Datenquelle für OLAP-Anwendungen zu Analysezwecken in einem MC.

Das Datenmodell eines DWH unterscheidet sich von operativen Systemen insbesondere dadurch, dass es aggregierte Daten, selektive Redundanzen und zeitliche Abhängigkeiten abbilden muss.[150] Nur auf diesem Weg lassen sich flexibel zugängige und transparente Informationen unternehmerischen Handelns vorhalten,[151] die für ein effizientes (OLAP-)Reporting aus betriebswirtschaftlicher Perspektive notwendig sind. Um diese Anforderungen zu erfüllen, muss eine von den operativen Systemen unabhängige Datenbasis aufgebaut werden,[152] die auf einem eigenen konzeptionellen multidimensionalen Datenbankschema basiert.[153]

---

[148] H. Mucksch hebt besonders hervor, dass „ ... die Form der Datenspeicherung in den operationalen DV-Systemen oder den unternehmensexternen Datenquellen ... für den Entscheidungsträger ohne Bedeutung [ist] ... und die benötigten Daten und Informationen für die diversen ... [MSS durch das DWH einheitlich] zur Verfügung gestellt werden können." Mucksch (1996), S. 92.

[149] Zahlreiche Studien, wie das in 2004 von Mummert Consulting entwickelte Business Intelligence Maturity Modell (biMA), belegen den Trend zum Real-Time-DW. Hier wird die allgemeine DWH-Definition erweitert, indem Informationen bereits zum Zeitpunkt ihres Entstehens, in Echtzeit in DW-Systemen verfügbar gemacht werden. Vgl. Mummert Consulting (2004), S. 86ff.

[150] Vgl. Zornes (1994), S. 9. Dies widerspricht den von E. F. Codd aufgestellten Grundregeln des relationalen Datenbankmodells und der Normalisierung. Vgl. Codd (1970), S. 377ff. M. Gärtner identifiziert darüber hinaus Schwächen bei der Datenverdichtung und den Operatoren relationaler Systeme. Vgl. Gärtner (1996), S. 148f.

[151] Vgl. auch die letze FASMI-Regel, S. 29

[152] Vgl. Mucksch (1996), S. 87.

[153] Vgl. Codd et al. (1993), 87ff.; Vgl. Oehler (2000), S. 31ff. Zum Zusammenhang zwischen Datenmodellierung und betriebswirtschaftlichen Auswertungsmöglichkeiten schreiben P. Chamoni und D. Zeschau: „Die meisten betriebswirtschaftlichen Fragen sind ihrer Natur nach mehrdimensional." Vgl. Chamoni, Zeschau (1996), S. 49.

Durch die multidimensionale Datenstruktur und die Daten-Integrationsfunktion des DW werden die informationstechnischen Vorraussetzungen für ein MC im Rahmen des PM geschaffen. Einerseits bietet sich das mehrdimensionale Datenmodell eines DWH optimal zur Abbildung der vom PM auszuwertenden PI bzw. KPI an, da diese durch „… ein multidimensionales Set von Kriterien präzisiert"[154] werden und Informationen aus den unterschiedlichsten Bereichen zusammenführen.[155] Andererseits ermöglicht die beschriebene Multidimensionalität des DWH erst die Auswertungen im Sinne der OLAP-Spezifikationen, die sich für die Beantwortung der im Rahmen eines MC auftretenden Fragestellungen optimal eignen.[156] Zudem können durch die Architektur eines DWS ebenfalls die Abfragezeiten verbessert werden, indem bestimmte Berichte und Daten bereits im Vorfeld zusammengestellt werden[157] und so die Entscheidungsträger besonders schnell mit den relevanten Informationen versorgt werden können.[158] Demzufolge ist das DW die adäquate Datenbasis für ein MC zur Unterstützung des PM.

2.4 Zusammenfassung

In dem vorangegangenen Kapitel wurden die Grundlagen für die Erstellung eines MC zur Unterstützung des PM geschaffen, indem kurz das Wesen und die Inhalte eines MC sowie des PM, als ein möglicher fachlicher Hintergrund, anwendungsneutral geschildert wurden. Im Hinblick auf die technische Umsetzbarkeit wurde das DWH als die geeignete Datenbasis für das PM und das zu erstellende MC identifiziert.

---

[154] Krause (2005), S. 20.

[155] Vgl. dazu auch das Indikator-Beispiel und den Aspekt der integrierten Performance-Messung. Vgl. Kapitel 2.2.2 Key Performance Indicator vs. Kennzahlen, S. 14 und Kapitel 2.2.4 Performance Measurement vs. Traditionelle Kennzahlensysteme, S. 20.

[156] „Typische [betriebswirtschaftliche] Auswertungsdimensionen sind z.B. Zeit, Konten, Produkte usw. Das Sprachmodell, in der Analysen und Abfragen formuliert werden, muss die Mehrdimensionalität direkt widerspiegeln." Oehler (2000), S. 29.

[157] Durch das Vorhalten von Kennzahlen in verschiedenen Aggreationsstufen, können diese ohne aufwändige Aufbereitungs-, Gruppierungs- oder Sortierroutinen direkt ermittelt werden und ermöglicht auch ein ad-hoc Reporting.

[158] M. Reiser und J. Holthuis begründen dies auch mit der Trennung von entscheidungsunterstützenden und operativen Daten und Systemen, die jedoch aufgrund der für operative Anwendungen ungeeigneten multidimensionalen Datenstruktur bereits vorgegeben ist. Vgl. Reiser, Holthuis (1996), S. 123.

3 Konzeption

Gegenstand dieses Kapitels ist die Konzeption eines Prototyps für ein MC zur Unterstützung des PM.

Zuerst soll auf fachlicher Seite der Hintergrund zur Entwicklung des MC-Prototyps erläutert werden. Im Rahmen der organisatorischen Konzeption wird der systematische und methodische Bezugsrahmen des zugrunde liegenden PMS vorgestellt, um ein gemeinsames Verständnis für die grundlegenden Elemente des Systems und ihrer Beziehungen zueinander zu schaffen. Abschließend werden die informationstechnischen Aspekte für die Umsetzung eines MC auf Basis eines DWS diskutiert und damit die Grundlagen für das nachfolgende Kapitel zur Realisierung des MC zur Unterstützung des PM geschaffen.

3.1 Fachliche Konzeption

Der Ursprung für die Entwicklung eines Prototyps ist stets die Anforderung eines Auftraggebers. Für diese Arbeit wird ein fiktives Unternehmensszenario beschrieben, in dem die Entwicklung eines MC in Auftrag gegeben wird. Der nachfolgende Abschnitt detailliert die fachlichen Anforderungen an das MC und bildet die Basis für die Überlegungen in den folgenden Kapiteln.

3.1.1 Unternehmensszenario

Bei der für die MC-Prototyp-Entwicklung zu betrachtenden fiktiven Unternehmung handelt es sich um einen jungen internationalen IT-Dienstleister, der im europäischen Raum Beratungs- und Entwicklungsleistungen vor allem im SAP-Umfeld anbietet. Von den 1.000 Mitarbeitern des Unternehmens sind 600 am Hauptsitz in Deutschland beschäftigt. Die restlichen Mitarbeiter verteilen sich gleichmäßig auf die im vergangenen Geschäftsjahr akquirierten Standorte in England und Frankreich. In allen Niederlassungen werden zur Abbildung und Unterstützung aller wichtigen unternehmensinternen Geschäftsprozesse SAP-Produkte eingesetzt, die im vergangenen Jahr von den Datenstrukturen her harmonisiert und auf einen einheitlichen aktuellen Release-Stand gebracht wurden.

Aufgrund neuer Kundenanforderungen und des Trends zur Entwicklung von MSS zur Unterstützung der obersten Führungsebenen wird von der Geschäftsführung der Auftrag vergeben, neue innovative Produkte in diesem Marktsegment zu entwickeln. Ein mögliches Produktpotential wird in einem MC zur Unterstützung des PM gesehen.

Da momentan durch die Globalisierung und im Speziellen der Erweiterung der Europäischen Union der Kostendruck auf die Unternehmen steigt, müssen diese auf den verschärften Wettbewerb reagieren. Um weiterhin hohe Gewinne zu erzielen, sehen sich die Manager gezwungen, Kosten zu reduzieren. Dies geschieht meist durch Entlassungen.[159] Speziell in der IT-Branche stellen jedoch die Mitarbeiter das Kapital einer Unternehmung dar, weswegen ihre Freisetzung mit der Aufgabe der Geschäftstätigkeit gleichzusetzen wäre. Diese Grundgedanken sind auf die meisten anderen Dienstleistungsunternehmen übertragbar, wodurch dem Management des sog. Human Capital in dieser Branche eine besondere Bedeutung zukommt.

Aufgrund der Tatsache, dass den Entscheidungsträgern der meisten Unternehmen bislang allerdings keine aussagekräftigen Informationen zur Beurteilung des Human Capital vorliegen, wird von der skizzierten Unternehmung als Produktinnovation ein MC zur Unterstützung des PM des Human Capital in Auftrag gegeben. Da bereits alle Daten in den verschiedenen Teil-Informationssystemen der Unternehmensstandorte vorliegen, soll mit dem MC für den CEO des Bereichs Human Ressources ein passendes Informationsinstrument geschaffen werden.

---

[159] Dies geschieht zumeist durch das Missverständnis des Shareholder Value-Konzepts, indem von dem Management der alleinige Fokus auf einen maximalen Shareholder Value zum Ende eines Geschäftsjahres gelegt wird. Vgl. Copeland et al. (1995), S. 22 und Fn. 51, S. 13. Zum Shareholder Value-Konzept i. A. vgl. Rappaport (1998). Im Fall des Human Capitals führt eine falsche Auffassung des Shareholde Value-Konzepts dazu, dass die Mitarbeiter von den Managern lediglich als Kostenfaktor betrachtet werden. Vgl. so Kittner (1997), S. 46f. Der Beitrag des Human Capitals zum Erhalt und zur Steigerung der Unternehmensperformance wird dabei außer Acht gelassen. Vgl. Institut für Organisation und Personal (2003): http://www.iop.unibe.ch, S. 3.

3.1.2 Anforderungen für den Prototyp des Management Cockpits zur Unterstützung des Performance Measurement

Der MC-Prototyp zur Unterstützung des PM des Human Capital wird zu Demonstrations- und Testzwecken im ersten Schritt für das eigene, hier beschriebene Unternehmensszenario entwickelt. Dies soll jedoch unter der Prämisse geschehen, das entwickelte MC auch leicht auf andere Unternehmen und Einsatzgebiete übertragen zu können.[160] Zudem soll darauf geachtet werden, dass eine Integration dieses einzelnen MCs, welches primär für den funktionalen Teilbereich Human Ressources (HR) der Unternehmung entwickelt wird, in den Gesamtkontext eines MCRs leicht vollzogen werden kann.

Im Bezugsrahmen des Personal-Managements soll dem Manager mit dem MC eine Entscheidungshilfe bei der Beurteilung und Optimierung des Human Capital gegeben werden. Dazu ist vorgegeben, ein Internetfähiges, browsergestütztes Informationssystem aufzubauen, welches dem Manager in komprimierter Form einen wöchentlichen Überblick über die entscheidungsrelevanten Daten des Human Capital gibt.

Zum einen sollen die im Rahmen des PM auszuwertenden Daten durch entsprechende Indikatoren in grafisch aufbereiteter Form einfach und verständlich präsentiert werden und zum anderen auch weitere kontextbezogene Informationen für den Entscheidungsträger auf einen Blick ersichtlich sein.

Die Informationen, die das PM des Human Capital betreffen, müssen daher periodisch erhoben und stets auf einem aktuellen Stand für das MC vorgehalten werden.[161] Durch Soll/Ist-Vergleiche, Planungsszenarien sowie Zeitreihenvergleiche[162] soll der Entscheidungsträger Trends bei der Entwicklung des Human Capital erkennen und voraussehen können sowie weitere Optimierungspotentiale aufgezeigt bekommen. In diesem Zusammenhang ist auch die Sicherstellung der Vergleichbarkeit der Daten in Hinsicht auf unterschiedliche Ausgangssituationen bei der Ermittlung der Indikatoren in den unterschiedlichen

---

[160] Dies ist nicht Bestandteil dieser Arbeit.
[161] Dieser Prozess sei in dem beschriebenen Unternehmensszenario bereits implementiert. Vgl. Kapitel 3.2.2 Performance Measurement der Indikatoren des Human Capital, S. 44.
[162] Der Forderung von Zeitreihenanalysen kommt eine besondere Bedeutung zu, da „die Zeit .. für alle managementrelevanten Fragestellungen ein explizit abzubildendes Datenobjekt" (Holthuis (1999), S. 136) ist und damit eine betriebswirtschaftliche Standarddimension bei Auswertungen auf einen Datenbestand darstellt. Vgl. Holthuis (2000), 164f.

Organisationseinheiten des Unternehmens eine Grundvoraussetzung. Die im MC zu präsentierenden kontextbezogenen Informationen sind in Abhängigkeit von den dargestellten Informationen zum Human Capital abhängig und dienen als zusätzliche Entscheidungshilfen für den Manager.

Somit soll der Prototyp den betrieblichen Entscheidungsträgern eine umfassende Informationsgrundlage zur Beurteilung und Optimierung der strategischen Nutzung des Human Capital an die Hand geben und als Teil-Instrument der strategischen Unternehmensführung zur Entscheidungsfindung dienen.

3.2 Organisatorische Konzeption

Ziel dieses Abschnitts ist es, die Systematik und Methodik des zu erläuternden PMS vorzustellen. Dazu soll zuerst der durch das Human Capital vordefinierte Gegenstand des PM und dessen Performance-Aspekte sowie Interdependenzen erläutert werden. Danach wird die Methodik des PM zur Evaluation des Human Capital sowie die Verfahrensweise zur Vereinheitlichung der Ergebnisse diskutiert.

3.2.1 Gegenstand des Performance Measurement

Da bei der Erstellung des MC-Prototyps der Fokus auf das PM des Human Capital gelegt wird, soll der aus dem Personal-Management stammende Begriff des Human Capital als Gegenstand des PM näher betrachtet werden.

Die Evaluierung des Human Capital mit den Mitteln des PM und der Ausweis der Ergebnisse in einem MC macht insofern Sinn, als dass es sich bei dem Human Capital um einen entscheidenden strategischen Wettbewerbsfaktor handelt.[163] Das Human Capital stellt zudem einen allgegenwärtigen Performance-Faktor in der Unternehmenswelt dar und ist somit von universeller ökonomischer Bedeutung.[164] Außerdem eignet sich dieses Performance-Objekt im Zuge der Bildung entsprechender PI und KPI gut zur Darstellung der Integration qualitativer und quantitativer Größen mit Hilfe des PM.

---

[163] Vgl. dazu auch Kapitel 2.2.3.2 Performance Measurement als operatives und strategisches Instrument der Unternehmensführung, S. 17.

[164] Schon Adam Smith hat erkannt, dass das Bildungsniveau von Arbeitnehmern den Unternehmenserfolg beeinflusst. Vgl. Haase, Jaehrling (1986), S. 115.

3.2.1.1 Human Capital

Unter dem Begriff Human Capital (HC) werden die Mitarbeiter einer Unternehmung verstanden, die mit ihren auf Wissen und Erfahrungen[165] beruhenden individuellen Fähigkeiten und Fertigkeiten „ … die Basis der unternehmerischen Tätigkeit … "[166] darstellen. Das HC bildet den wichtigsten,[167] weil dauerhaftesten Erfolgsfaktor eines Unternehmens,[168] womit dessen richtiger Einsatz und Förderung eine der bedeutendsten Aufgaben der Unternehmensführung ist.

3.2.1.2 Performance-Aspekte des Human Capital

Die Entwicklung und Verbesserung des HC, als Oberbegriff für die Performance der Mitarbeiter eines Unternehmens, ist eng mit den angenommenen Zielvorstellungen der Stakeholder verknüpft. Das HC bildet einerseits ein wichtiges[169] Merkmal der Unternehmens-Performance und stellt andererseits selbst eine Stakeholder-Anspruchsgruppe dar. Daher ist, in Bezug auf die zugrunde liegenden Unternehmensziele[170], die Bestimmung der Effizienz und Effektivität zur Ermittlung des Zielerreichungsgrads des HC in den Geschäftsprozessen die Aufgabe des PM, mit dem Zweck Auswirkungen auf die Unternehmens-Performance zu identifizieren.

3.2.1.2.1 Zusammenhang zwischen Human Capital Performance und Unternehmensperformance

Dabei wirkt sich die Performance des HC in zwei Dimensionen auf die Gesamtperformance eines Unternehmens aus.

---

[165] Vgl. NetSkill AG (2005): http://www.competence-site.de, o. S. Human Capital kann entweder durch Investition in die Ausbildung gebildet oder angeboren sein. Vgl. Brökelschen (1998), S. 14.

[166] Haldi (2001), S. 297.

[167] Vgl. Galagan (1988), S. 20.

[168] Zur Dauerhaftigkeit von Wettbewerbsvorteilen vgl. Simon (1996), S. 129.

[169] Nach P. Galagan bildet das HC sogar das wichtigste Merkmal der Unternehmensperformance. Vgl. Fn. 167, S. 39.

[170] Das Ziel der fiktiven Unternehmung ist die Optimierung des Human Capitals zum Erhalt der ökonomischen Performance des Gesamtunternehmens im Wettbewerb. Vgl. Kapitel 3.1.1 Unternehmensszenario, S. 35.

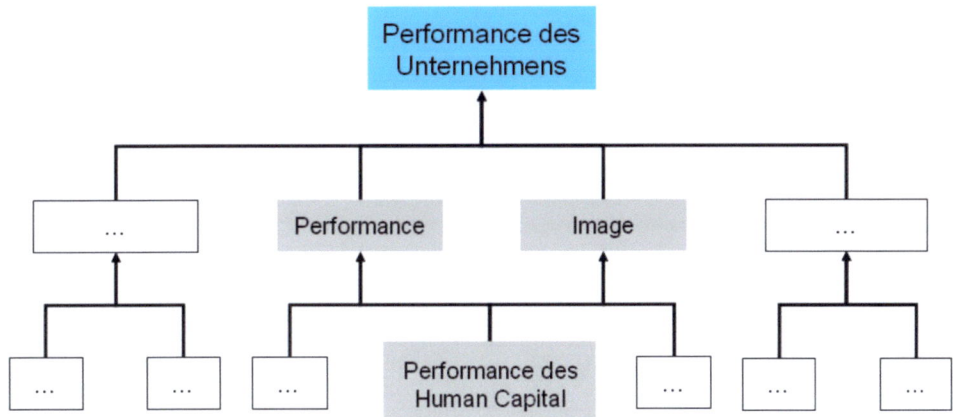

Abbildung 6 – Zusammenhang zwischen Human Capital Performance und Unternehmensperformance

Die KPIs Leistung und Image der Unternehmens-Performance werden u. a. von der Performance des HC beeinflusst.[171]

Da sich die Performance und das Image einer Unternehmung, wie auch die anderen Einflussfaktoren der Unternehmens-Performance, in wechselseitiger Ursache-Wirkungs-Beziehung zueinander stehen, müssen daher die Sub-Indikatoren des Unternehmens-KPI zur Identifikation der Performance-Potentiale für das PM betrachtet werden.

3.2.1.2.2 Indikatoren des Human Capital

Für den Entscheidungsträger ist es wichtig zu wissen, welche Erfolgsfaktoren bzw. welche Indikatoren die Performance-Potentiale des HC repräsentieren und somit auch auf die Unternehmens-Performance einwirken.

Zur Veranschaulichung und Konkretisierung der Thematik sollen die Denkansätze und Ergebnisse des Projektteams um E. D. Haldi dienen, die dieser im Rahmen seiner Dissertation zum Thema des integrierten Managements des HC eines transnationalen Dienstleisters veröffentlicht hat.[172] Da der vorliegenden Arbeit mit dem Aufbau eines MC zur Unterstützung des PM jedoch eine andere Zielsetzung

---

[171] Z. B. wird die Performance, im Sinne der Produktivität und Leistungsfähigkeit eines Unternehmens neben dem HC auch durch „ … weitere Faktoren wie die Kundenzufriedenheit, die Qualität der Produktionsprozesse und Produkte oder die Entwicklung der Märkte" beeinflusst. Haldi (2001), S. 315.

[172] Vgl. dazu im Speziellen Kapitel 5 Integriertes Management der Human-Ressourcen in Haldi (2001), S. 294ff.

zugrunde liegt,[173] werden die von E. D. Haldi angestellten Überlegungen entsprechend angepasst und auf die neue Aufgabenstellung transferiert.[174]

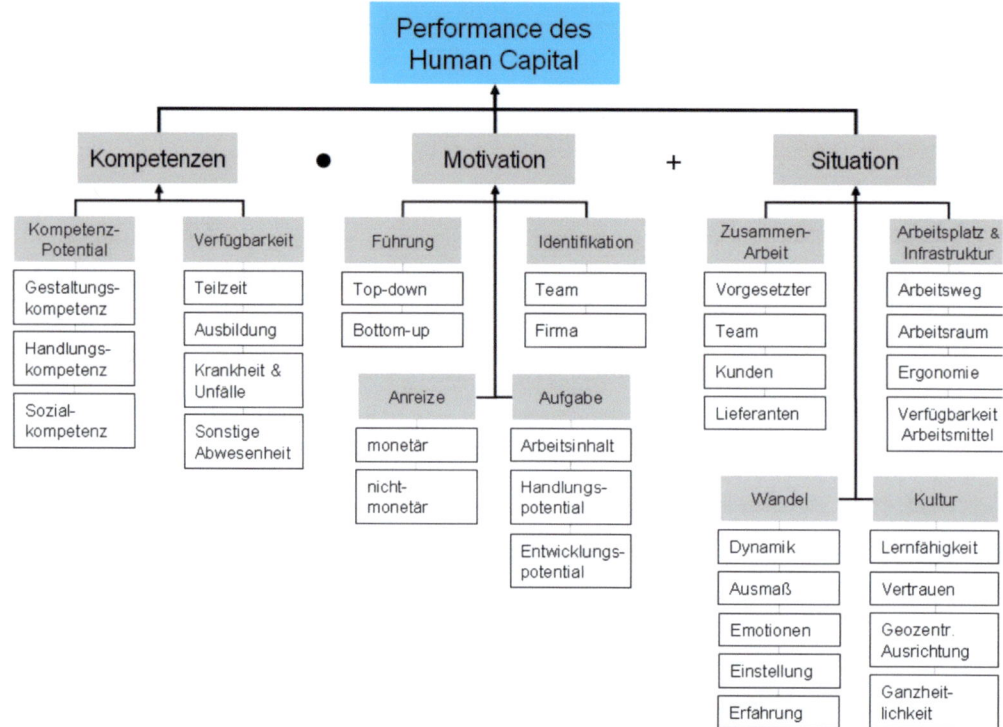

Abbildung 7 – Indikator-Hierarchie des Human Capital[175]

Als Bezugsrahmen für das PM[176] des HC bietet sich das Kreislaufkonzept der Personalbeurteilung nach Hilb an.[177] Dessen KPI sind die Kompetenzen, Motivation und Situation des HC, die sich wie in der vorherigen hierarchischen

---

[173] E. D. Haldi und das achtköpfige Projektteam betrachten das HC im Rahmen des Human Capital Management aus der Perspektive der Personalwirtschaft. In diesem Zuge erläutern Sie detailliert die einzelnen Einflussfaktoren und geben Empfehlungen zu deren Ausgestaltung. Für diese Ausarbeitung sind jedoch lediglich die Ergebnisse hinsichtlich des strukturierten Aufbaus einer Indikator-Hierarchie für das HC sowie eine kurze Erklärung zu den einzelnen HC-Aspekten von belang, die allerdings keine personalwirtschaftliche Management-Analyse voraussetzt.

[174] Bemerkenswerte Abweichungen von den Grundgedanken des in Fn. 172 genannten Kapitels der Dissertation von E. D. Haldi sollen dazu im Folgenden in den Fn. ausdrückliche Erwähnung finden.

[175] Eigene Darstellung, Vgl. Haldi (1998), S. 298, 312 und 317 i. V. m. Hilb 1997, S. 79ff.

[176] E. D. Haldi legt seinen Ausführungen nicht das PM, sondern das Human Capital Controlling als Messansatz zugrunde. Jedoch kann in diesem Fall das PM i. w. S. mit dem integrierten Controlling gleichgesetzt werden, da sich das Begriffsverständnis deckt. So bezieht sich E. D. Haldi auf zahlreiche Indikatoren, die er als Einflussfaktoren des HC ausweist und somit auf die in Kapitel 2.2 Performance Measurement System, S. 11 dargestellten Überlegungen übertragen werden können. Vgl. Haldi (1998), S. 300 und S. 316f.

[177] Hilb 1997, S. 79ff.

Aufstellung zusammensetzen und durch die dargestellten mathematischen Operatoren die HC-Performance abbilden.

Die Kompetenzen der Mitarbeiter mit den oben aufgeführten Indikatoren beeinflussen die Performance des HC, da sie in der heutigen Wissensgesellschaft laut G. Probst und B. Knaese den „ … einzigen wertvollen ‚Produktionsfaktor' … "[178] eines Unternehmens darstellen. Somit sind die Mitarbeiter-Kompetenzen die „… Voraussetzung für die Erzielung überdurchschnittlicher Gewinne … "[179] und eindeutiger Indikator für die Differenzierung im Wettbewerb.

Der Kompetenz-KPI setzt sich dabei aus zwei Sub-Indikatoren zusammen. Für die Definition des Sub-Indikators des Kompetenzpotentials können zum einen die Kernkompetenzen eines Individuums herangezogen werden.[180] Diese liegen speziell in der unternehmerischen Intelligenz der Führungskräfte und Mitarbeiter, die über die drei Schlüsselqualifikationen des Portfolio-Ansatzes „Internes Unternehmertum" von R. Wunderer beschrieben werden. R. Wunderer benennt hier als hervorzuhebende Eigenschaften eines jeden Mitarbeiters die Fähigkeit der strategieorientierten Problemlösung (Gestaltungskompetenz), effizienten Umsetzung (Handlungskompetenz) und kooperativen Selbstorganisation (Sozialkompetenz).[181] Andererseits bedingt die Verfügbarkeit die Kompetenzen eines Unternehmens, da diese aus den aufgeführten Gründen den Beschäftigungsgrad bzw. die produktive Arbeitszeit zur Nutzung der Mitarbeiter-Kompetenzen durch dessen Anwesenheit bestimmt.[182]

---

[178] Probst, Knäse (1998), S. 38.

[179] Probst, Knäse (1998), S. 38.

[180] Die Definition des Kernkompetenzen-Begriffs geht auf den Artikel „The Core Competence of the Cooperation" von C. K. Prahalad und G. Hamel zurück. Vgl. Prahalad, Hamel (1990), S. 82. H. Hinterhuber und S. Friederich erweitern später diesen Ansatz, in dem sie schreiben: Kernkompetenzen sind […] die Fähigkeiten, die im entscheidendem Maße zur Wertsteigerung beitragen und von der Unternehmung besser beherrscht und abgeschirmt werden als von der Konkurrenz." Homp (2000), S. 8.

[181] Vgl. Wunderer (1999), S. 42ff. oder Wunderer (1997), S. 10ff. Die aufgezählten Schlüsselqualifikationen können auch nach H. Pestallozzi mit der im Text eingehaltenen Reihenfolge als Kopf, Hand und Herz bezeichnet werden. Wunderer (1999), S. 43

[182] Jedoch haben betriebliche Abwesenheiten nicht ausschließlich negative Auswirkungen auf den KPI der Kompetenzen des HC, da ausbildungsbedingte Abwesenheiten eine Investition in das HC sind und nachträglich und fortwährend die Unternehmensperformance steigern. Zu den positiven Effekten auf die Unternehmensperformance vgl. Marshall (1991), S. 8, Wilkens, Pawlowsky (1997a), S. 84; Wilkens, Pawlowsky (1997b), S. 115 i. V. m. Haldi (1998), S. 305. Zum Investitions-Charakter von Ausbildungsmaßnahmen vgl. Briam (1986), S. 146.

Die zweite Performance-Dimension des HC ist die Mitarbeiter-Motivation, die als Multiplikator des Kompetenz-KPI starken Einfluss auf die HC-Performance ausübt. Die PIs der Motivation lassen sich anhand von intrinsischen und extrinsischen Faktoren klassifizieren.[183] Letztere Einflussfaktoren bezeichnen die fremdgesteuerte Mitarbeiter-Motivation, die primär über die beiden PIs des Anreizes und der Führung durch Stimulation von außen beeinflusst wird. Bei der intrinsischen Motivations-Komponente ist die Erfüllung der Aufgabe selbst Gegenstand der Performance fördernden Motivation, die bei Eintritt des Flow-Effekts[184] zu einer optimalen Performance des Aufgabe-PIs führt. Der Identifikation-PI umfasst sowohl intrinsische als auch extrinsische Einflussfaktoren, da er zum einen mit der selbstgesteuerten Identifikation mit einer geeigneten Aufgabe verbunden ist und zum anderen die Basis der extrinsischen Motivatoren durch Anreize und Führung bildet.[185] Somit ist eine gute Performance des Identifikation-PI die Grundvoraussetzung für eine gute Ausprägung des Motivations-KPI, der wiederum in Verbindung mit dem Kompetenz-KPI stark die HC-Performance beeinflusst.

Ebenfalls hohe Interdependenzen weist der dritte, zu dem Produkt aus Kompetenzen- und Motivation-KPI additive, situative Erfolgsfaktor der HC-Performance auf. Der Situation-KPI bemisst mit seinen Sub-Indikatoren, Wandel, Kultur, Zusammenarbeit sowie Arbeitsplatz & Infrastruktur die Arbeitssituation des Mitarbeiters. So zeigt der Sub-Indikator Wandel z. B. die Reaktion der Mitarbeiter auf die Veränderung primär exogener Markt-Größen an, die sich im Unternehmen „ ... vor allem auf [die PIs] Zusammenarbeit, Kultur und Führung und Verfügbarkeit ... "[186] auswirken. Der Kultur-PI steht über die Indikator-Dimension der geozentrischen Ausrichtung wiederum im Zusammenhang mit dem PI der Zusammenarbeit und betrifft auch Führungs-Aspekte[187]. Durch die zentrale Rolle der Unterneh-

---

[183] Siehe dazu B. Staffelbach, der sich auf die Zwei-Fakten-Theorie des arbeitsbezogenen Verhaltens nach F. Herzberg beruft. Vgl. Staffelbach S. 59ff.

[184] Vgl. Wunderer (1997), S. 129ff.

[185] Würde eine passende Aufgabe im Sinne des Flow-Effekts fehlen, könnten auch Anreize und Führung nur wenig zur Verbesserung der Motivation beitragen. Vgl. zum Zusammenwirken von intrinsischen und extrinsischen Faktoren auch Osterloh (1999), S. 393.

[186] Haldi (1998), S. 314.

[187] E. D. Haldi nennt hier die „konsensorientierte Führung" als eine weitere Dimension des Kultur-PIs. Vgl. Haldi (1998), S. 312.

mens-Kultur[188] werden allerdings auch alle anderen Indikatoren der drei HC-Performance-Dimensionen mehr oder minder stark von der kulturellen Performance beeinflusst. Die durch den Zusammenarbeit-PI abgebildeten Performance-Aspekte betreffen die Performance der Kooperativität der vier Sub-Indikatoren des Zusammenarbeit-PIs. Diese sind stark mit der Wandel-Performance verknüpft und korrelieren u. a. mit dem Indikator der Sozialkompetenz in der Kompentenz-Dimension des HC.[189] Unter dem PI Arbeitsplatz & Infrastruktur werden Performance-Aspekte zusammengefasst, die das Arbeitsumfeld des Mitarbeiters betreffen. Auch hier lassen sich weitere Zusammenhänge mit den anderen HC-Performance-Dimensionen feststellen, da auch die Motivation und die Kompetenzen, im Speziellen der Verfügbarkeit-PI, unter einer schlechten Performance des Arbeitsplatz & Infrastruktur-PI leiden.

3.2.2 Performance Measurement der Indikatoren des Human Capital

Die beschriebenen Indikatoren der HC-Performance sind im Rahmen des PM i. e. S. periodisch zu messen. Dabei reicht die Erhebungsperiodizität von einer täglichen Evaluation bis zu einer jährlichen Bestimmung der jeweiligen Indikatoren. Eine Einordnung der Messzeiträume der Dimensionen mit ihren Sub-PIs findet sich in der folgenden Tabelle:

Human Capital Dimension / Erhebungsperiodizität	Kompetenzen	Motivation	Situation
Jährlich	Kompetenzpotential Verfügbarkeit	Anreize Aufgabe	Kultur
Monatlich	Verfügbarkeit	Aufgabe Identifikation	Arbeitsplatz & Infrastruktur
Täglich		Führung	Wandel Zusammenarbeit

Tabelle 1 – Erhebungsperiodizität der Human Capital-Indikatoren[190]

---

[188] Als Kultur-Verständnis wird hier die von M. Hilb beschriebene Schmetterlings-Kultur vorausgesetzt, die auf einem zukunfts- und außenweltorientierten humanistischen Unternehmensverständnis beruht. Vgl. Haldi (1998), S. 312 i. V. m. Hilb (1997), S. 33ff.

[189] Auch die Indikatoren Identifikation und Führung sind von der Performance der Zusammenarbeit in einem gewissen Maße abhängig. Vgl. Haldi (1998), S. 313.

[190] Vgl. Haldi (1998), S. 317.

Die Erhebung der qualitativen Indikatoren des Human Capital erfolgt auf Basis einer zehnstufigen Likert-Skala.[191] Die quantitativen HC-Indikatoren wie bspw. die Sub-PIs des Verfügbarkeit-PI werden in der zugrunde liegenden Einheit (z. B. Stunden, Tage, Euro, usw.) erfasst und müssen zur Gewährleistung der Vergleichbarkeit der Ergebnisse zielorientiert in die Likert-Skala umgerechnet werden. Dies geschieht auf Basis der Mitarbeiteranzahl in der zugrunde liegenden Organisationseinheit.

Für den Fall unserer fiktiven Unternehmung sollen die benötigten Daten bereits in den verschiedenen Informationssystemen auf Einzelsatzebene vorliegen. Diese werden durch die jeweiligen Personalverantwortlichen der drei Firmen-Standorte durch Mitarbeiterumfragen, Führungsgespräche oder Eingaben in den HR-Systemen erhoben. Die Vielschichtigkeit und Komplexität der beschriebenen Interdependenzen der das HC abbildenden Indikatoren ist bereits bei der Erhebung der Daten mit eingeflossen. Daher sind die Zusammenhänge der einzelnen Indikatoren bei der Speicherung im DWH und bei der Abbildung in dem zu erstellenden MC nicht mehr gesondert zu beachten. Aus Datenschutzgründen sind dabei die HC-Performance-Daten der einzelnen Standorte durch Anonymisierung auf Abteilungsebene an die zentrale Hauptgeschäftsstelle zu melden.

3.3 Informationstechnische Konzeption

Um die für das PM des HC benötigten Informationen aus den im vorherigen Abschnitt diskutierten KPIs des HC und ihren Sub-Indikatoren in einem MC auswerten und darstellen zu können, sollen die relevanten Daten in einem DWH vorgehalten werden.[192] Dazu ist es notwendig, die Informationen aus den verschiedenen Datenquellen zu extrahieren, zu transformieren und letztlich in ein adäquates multidimensionales Datenmodell für ein effizientes OLAP-Reporting im MC zu laden. Zur Strukturierung der folgenden Überlegungen ist es daher sinnvoll, zuerst den Datenfluss für das Unternehmensszenario vorzustellen und anhand dessen die

---

[191] Vgl. Likert, R. (1972), Haldi (1998), S. 316 i. V. m. Diekmann (1997), S. 209ff. und Butt-ler, Stroh (2000), S. 41.
[192] Vgl. dazu auch Kapitel 2.3.2.5 Data Warehouse als Datenbasis für das Mangement Cockpit, S. 32.

informationstechnischen funktionalen Aspekte der Datenmodellierung, Daten-akquisition, Datenanalyse und Datenkommunikation zu diskutieren.[193]

3.3.1 Datenfluss

Um das skizzierte Unternehmensszenario in einem DWS abzubilden, müssen die benötigten PM-Daten des HC aus den SAP HR-Systemen der drei Nieder-lassungen des Unternehmens extrahiert und in das DWS geladen werden. Die folgende Abbildung zeigt den gerade beschriebenen Datenfluss in Anlehnung an die DWS-Referenzarchitektur[194] im Überblick:

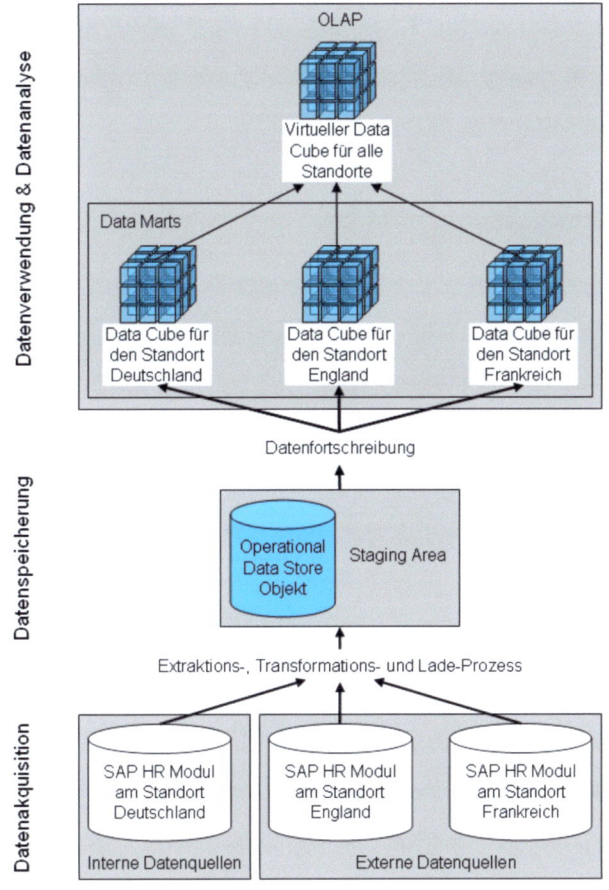

Abbildung 8 – Datenfluss des Unternehmensszenarios[195]

---

[193] Vgl. zu den Anforderungen an die Architektur eines IT-Systems für das PM auch Wett-stein (2002), S. 197.

[194] Vgl. Abbildung 5 – Data Warehouse-System-Referenzarchitektur in Anlehnung an das SAP Business Information Warehouse, S. 30.

[195] Eigene Darstellung.

Die Speicherung erfolgt im ersten Schritt in einem zentralen ODS-Objekt, welches die Rohdaten der verschiedenen Firmenstandorte konsolidiert und über den Zeitverlauf historisiert vorhält. Zu detaillierten Auswertungszwecken in dem MC werden die Informationen in einem zum Geschäftsstandort korrespondierenden Data Mart in Form des multidimensionalen Datenziels der Data Cubes fortgeschrieben. Die Aufteilung der Daten aus den unterschiedlichen Geschäftsstandorten in der Data Mart-Ebene geschieht aus Performance-Gründen,[196] da die Speicherung aller Unternehmensdaten in einem einzigen Data Cube die Lade- und Abfragezeiten durch die große Anzahl der zu überprüfenden Datensätze negativ beeinflussen könnte.[197] Als übergeordnetes Datenelement des skizzierten Datenflusses wird ein virtueller Data Cube über die drei Data Marts gelegt, der dann für die Auswertungen im Rahmen des MC eine Sicht auf alle relevanten Daten vorhält.

3.3.2 Datenmodellierung

Für das Design eines passenden Datenmodells zur Speicherung der PI-Werte des HC für die Zwecke des PM sollen zuerst die relevanten Datenobjekte eines DWH allgemein vorgestellt werden. Anschließend wird auf Basis des zuvor dargestellten Datenflusses ein adäquates Datenmodell für die aus dem Fach-Konzept hervorgegangenen Anforderungen für den Prototyp des MCs entwickelt.

3.3.2.1 Datenelemente

Im Folgenden sollen kurz die wichtigsten einzubeziehenden Datenelemente für die Abbildung des HC für das PM in einem DWH anhand der mit dem soeben aufgezeigten Datenfluss korrespondierenden hierarchischen[198] Struktur der DWS-Referenzarchitektur vorgestellt werden. Diese werden jeweils kurz mit

---

[196] Zu weiteren Gründen für „die Aufgabenteilung auf verschiedene Data Marts ... " (Anführungszeichen im Zitat wurden entfernt) vgl. Seemann et al. (2001), S. 165.

[197] Dies ist in dem vorliegenden Unternehmensszenario nicht zu erwarten, soll aber Kapitel 3.1.2 Anforderungen für den Prototyp des Management Cockpits zur Unterstützung des Performance Measurement auf S. 36 Rechnung tragen.

[198] Neben der hierarchischen Architektur lassen sich noch virtuelle, zentralisierte und koordinierte DHW-Grundstrukturen klassifizieren. Vgl. Thurnheer (2003), S. 10.

ihren datenmodellierungsspezifischen Eigenschaften und ihrer Funktion inner-halb des MC-Prototyps erläutert.

3.3.2.1.1 Quellsysteme

Der Ausgangspunkt eines jeden DWH sind die unterschiedlichen anzubindenden Quellsysteme. Dieses Datenobjekt ist folglich auf der untersten Schicht der DWS-Referenzarchitektur[199] angesiedelt und enthält „ … die operativen Systeme eines Unternehmens bzw. die dazugehörigen Datenhaltungssysteme … "[200]. Obwohl die Quellsysteme selbst kein Bestandteil eines DWH sind, müssen sie für die Datenbeschaffung im DWH abgebildet werden. Dazu werden sie als Datenob-jekt, im Sinne einer Schnittstellen-Definition, für die Datenakquisition behandelt. Das Spektrum von Datenquellen reicht „ … von Dateien über hierarchische .. bis hin zu relationalen oder objektorientierten Datenbanken."[201] Zudem können auch Datenquellen aus dem Internet und andere externe Datenbestände in das DW einfließen.[202] In Fall unseres fiktiven Unternehmens wird der Back End Layer[203] hauptsächlich durch eine homogene SAP-Systemlandschaft, genauer den HR-Modulen der verschiedenen Unternehmensstandorte repräsentiert, die die Informationen zu den beschriebenen HC-Indikatoren beinhalten.

3.3.2.1.2 ODS-Objekte und Meta-Datenbanksystem

Der Data Storage Layer umfasst neben dem Archiv- und Me-ta-Datenbanksystem auch Operational Data Store (ODS) Objekte. Dieses Datenziel dient „ … der Ablage von konsolidierten und bereinigten Bewegungs-daten auf [detaillierter] Belegebene … "[204], indem es die Daten des Extraktions-

---

[199] Vgl. Abbildung 5 – Data Warehouse-System-Referenzarchitektur in Anlehnung an das SAP Business Information Warehouse, S. 30.

[200] Jung, Winter (2000), S. 10.

[201] Jung, Winter (2000), S. 10.

[202] Die in dem Schaubild beispielhaft aufgeführten Datenquellen stehen für alle möglichen Datenquellen und Formate. J.-H. Wieken konkretisiert als Datenlieferanten des DW u. a. „relationale Datenquellen, IMS oder netzwerkartige Strukturen, VSAM-Dateien, ISAM-Dateien, ASCII-Quellen, PC-Datenbanken, Excel-Tabellen". J.-H. Wieken (1999), S. 21. Zudem können auch andere DWHs als Datenquellen angebunden werden.

[203] Vgl. Abbildung 5 – Data Warehouse-System-Referenzarchitektur in Anlehnung an das SAP Business Information Warehouse, S. 30.

[204] Seemann et al. (2001), S. 155 und Vgl. Hahne (2005), S. 47.

prozesses[205] aus der Staging Area transformiert und integriert persistent vorhält.[206] Aus technischer Perspektive sind dies flache Tabellen, die zur historischen Speicherung der aus den Quellsystemen geladenen Informationen zu den Indikatoren des HC auf höchster Detaillierungsebene dienen. Aufgrund ihrer einfachen Datenstruktur eigenen sie sich gut für Modifikationen des Datenbestands zu Konsolidierungszwecken.

Das Meta-Datenbanksystem ist selbst ebenfalls kein Datenelement, beinhaltet aber wichtige Informationen,[207] „… die für den Entwurf, die Konstruktion und die Benutzung eines Informationssystems benötigt … "[208] werden. So sind hier bspw. die zur Kontrolle des Datenflusses bei der Datenübertragung, Datenfortschreibung und Datenanalyse benötigten Datenobjekte und Regeln hinterlegt. Die im Meta-Datenbanksystem vorgehaltenen Objekte definieren die Verbindungen und das Verhalten der hier beschriebenen Datenelemente eines DWH.

3.3.2.1.3 Data Marts

Auch der Begriff des Data Marts bezeichnet konkret kein einzelnes physisches Datenobjekt in einem DWH. Es charakterisiert vielmehr einen selektierten Teilbereich des DWH, der bspw. zur Entscheidungsunterstützung für die einzelnen Firmen-Standorte[209] oder geographische Regionen ausgelegt und ausschließlich mit den notwendigen Daten gefüllt ist.[210] Somit repräsentieren Data Marts „ … personengruppen- oder funktionsbereichsspezifische Datenbasen, die häufig im Sinne der OLAP-Forderungen aufgebaut sind … "[211] und aus dieser Anforderung zumeist in Form multidimensionaler Data Cubes in einem DWS aufgebaut werden.

---

[205] Der Extraktionsprozess ist auf dem zweiten Layer der DWS-Referenzarchitektur angesiedelt und enthält keine für diese Ausarbeitung relevanten Daten-Elemente. Der gesamte Prozess der Extraktion, Transformation und des Ladens wird im nachfolgenden Abschnitt erläutert.
[206] Vgl. Hahne (2005), S. 47.
[207] Bei Informationen der Meta-Daten unterscheidet man eine Reihe unterschiedlicher Meta-Daten, die die beschriebenen Daten hinsichtlich ihrer Verwendung und Zugehörigkeit klassifizieren. So gibt es z. B. technische Metadaten, Business-, Populations-, Design-, Administrations- oder Analyse-Metadaten, operationale Metadaten, DWH- und Data Mart-Metadaten.
[208] Bauer, Guenzel (2001), S. 326.
[209] Dieses Selektionskriterium kommt den Data Marts auch in dem hier zugrunde liegenden Unternehmensszenario zu. Vgl. Abbildung 8 – Datenfluss des Unternehmensszenarios, S. 46.
[210] Vgl. Vavouras (2002), S. 10.
[211] Chamoni, Gluchowski (1999), S. 12.

3.3.2.1.4 Multidimensionale Data Cubes

Multidimensionale Datenwürfel bzw. Data Cubes sind wie die zuvor beschriebenen ODS-Objekte physische Datenziele eines DWS. Jedoch unterscheiden sich die Data Cubes durch ihre Datenorganisation von anderen Datenobjekten eines DWS,[212] da diese durch ihre Multidimensionalität speziell auf OLAP-Anforderungen ausgerichtet sind.[213] Folglich ist es sinnvoll, dieses Datenelement für die Auswertungen bzw. als Datenbasis für die in einem MC anzuzeigenden Informationen zu verwenden und hier die jeweils relevanten Daten vorzuhalten.

3.3.2.1.5 Virtuelle Data Cubes

Virtuelle Data Cubes besitzen die gleiche Datenorganisation wie die im vorherigen Abschnitt beschriebenen multidimensionalen Data Cubes. Allerdings stellen sie keine physischen Datenziele eines DWH dar, da sie keine persistente Datenablage gewährleisten. Sie bilden lediglich eine virtuelle Sicht auf die Daten eines oder mehrer Data Cubes, indem sie diese für Auswertungen verknüpfen.[214] Daher ist dieses Datenelement nur für Reporting-Zwecke geeignet und dient somit der Abkopplung der physischen Datenstruktur von der fachlichen Verwendung der Daten.[215]

3.3.2.2 Star-Schema

Die mehrdimensionale Datenstruktur erhalten die zuvor beschriebenen Datenwürfel durch die zugrunde liegende Modellierungstechnik, die hier in Form des Star-Schemas[216] erläutert werden soll.

---

[212] J. Holthuis spricht in diesem Zusammenhang von multidimensionalen Matrizen, die einen hohen Grad von interner Organisation aufweisen und dadurch Analysen stark vereinfachen und beschleunigen. Vgl. Holthuis (2000), S. 152

[213] Vgl. Hahne (2005), S. 48.

[214] Vgl. Oehler (2000), S. 110. K. Oehler bezeichnet diesen Vorgang auch als „Multi Cubing". Oehler (2000), S. 107.

[215] Vgl. Hahne (2005), S. 176. M. Hahne nennt zudem noch potentiell positive Performance-Effekte beim Einsatz virtueller Data Cubes. Vgl. Hahne (2005), S. 176.

[216] Neben dem Star-Schema existieren weitere Modellierungsansätze wie das z. B. Starflake-, Snowflake-, Star-Cluster-, Galaxy- oder Fast-Constellation-Schema. Vgl. Vavouras (2002). S. 122ff.

Im Gegensatz zu dem traditionellen Entity Relationship Modell konzentriert sich die multidimensionale Datenmodellierung auf die Speicherung der Daten in ihrer natürlichen denormalisierten Form. Auf relationalen Datenbanken[217] wird mit der speziellen Modellierungstechnik des Star-Schemas eine virtuelle multidimensionale Sicht auf die Daten erzeugt.[218]

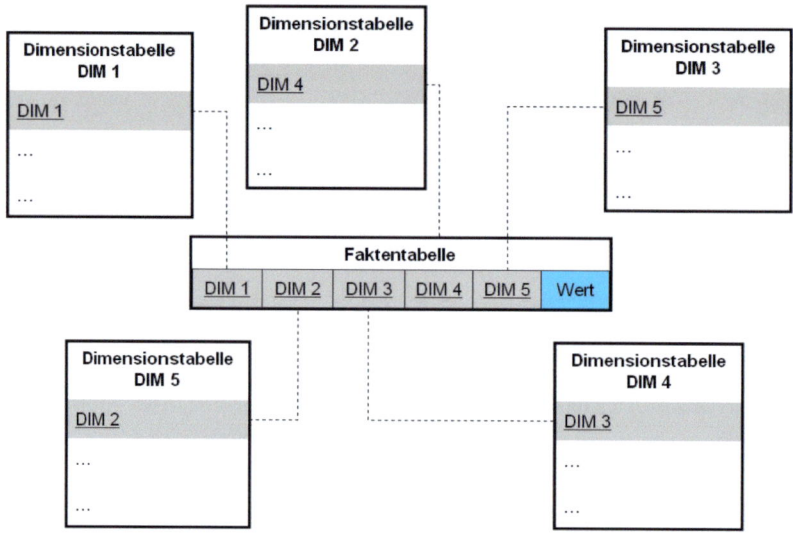

Abbildung 9 – Multidimensionale Datenmodellierung anhand des Star-Schemas[219]

Der Ausgangspunkt bei der Modellierung des Star-Schemas ist die sog. Fakten-tabelle, die von einer Vielzahl von Dimensionstabellen sternförmig umgeben ist. In der Faktentabelle wird der Primär-Schlüssel durch eine Kombination aus den Primär-Schlüsseln[220] der Dimensionstabellen gebildet und zusammen mit der zugehörigen Wert-Ausprägung gespeichert; die Dimensionstabellen besitzen keine Verknüpfungen.[221]

---

[217] Da das SAP BW 3.5 auf einer relationalen Datenbanktechnologie aufsetzt, soll hier lediglich das Star-Schema als multidimensionale Modellierungstechnik diskutiert werden.
[218] Inan (1997), S. 26.
[219] Eigene Darstellung.
[220] In Abbildung 9 – Multidimensionale Datenmodellierung anhand des Star-Schemas, S. 51 grau hinterlegt.
[221] Behme, et. al (2000), S. 225.

3.3.2.2.1 Attribute und Fakten

Die in der Faktentabelle hinterlegten Datenfelder unterscheidet man in mehrdimensionalen Systemen in identifizierende Attribute und Fakten;[222] letztere werden auch als quantifizierende Attribute bezeichnet.[223]

Die quantifizierenden Fakten enthalten die Merkmalswertausprägungen in Form von Mengen, Beträgen oder Stückzahlen und den zugehörigen Einheiten. Sie werden auch als Bewegungsdaten klassifiziert und repräsentieren in dem zugrunde liegenden Unternehmensszenario die durch das PM gemessenen Indikator-Werte[224] (Anm. d. Verf.: in der Abbildung blau hinterlegt) des HC.

Die identifizierenden bzw. beschreibenden Attribute enthalten Angaben hinsichtlich der sachlichen, räumlichen und zeitlichen Eingrenzung des Datenmaterials (z. B. Indikator-Dimension, Unternehmensstandort, Jahr, usw.). Man spricht in diesem Zusammenhang auch oft von Indikatoren[225] oder Stammdaten-tragenden Attributen, da ihnen ebenfalls in vielen DWS weitere Attribute, Texte oder Hierarchien zugewiesen werden können. Somit fungieren sie als Primär-Schlüssel(-Kombination) bzw. Ordnungsbegriffe zur Identifizierung des Datenbestands und stellen die Bezugsobjekte zu den Fakten-Daten her.[226]

3.3.2.2.2 Dimensionen

Multidimensionale Datenobjekte werden zu Navigationszwecken beim Reporting in Dimensionen eingeteilt, nach denen die auswertbaren (Fakten-)Daten dann selektiert bzw. ausgelesen werden können. Jede dieser Navigations-Dimensionen wird dann in einer eigenen Dimensionstabelle gespeichert und wie beschrieben mit der Faktentabelle relational verbunden.

---

[222] Manche Autoren verwenden für die Beschreibung von Attributen und Fakten andere Begrifflichkeiten. S. Anahory und D. Murray fassen z. B. beide Datenarten unter dem Faktenbegriff zusammen, unterscheiden aber dennoch in gleicher Weise nach Basis-(Fakten) und Referenzinformationen (Attributen). Vgl. Anahory, Murray (1997), S. 61f.

[223] Vgl. Thurnheer (2003), S. 18 i. V. m. Oehler (2000), S. 46.

[224] In Abbildung 9 – Multidimensionale Datenmodellierung anhand des Star-Schemas, S. 51 blau dargestellt.

[225] Vgl. Anahory, Murray (!997), S. 61f.

[226] Vgl. auch die Bedeutung von Attributen für Hierarchien Kapitel 3.3.2.2.3 Hierarchie, S. 53.

Eine Dimension enthält eine „ … Auflistung von problem- oder entscheidungsrelevanten Informationsobjekten einer Klasse von gleichartigen Objekten .. "[227] im Kontext zu der korrespondierenden Wert-Ausprägung der Faktentabelle.[228] Da sich die Entscheidungsfindung bei konkreten Problemen jedoch selten auf nur eine Problem-Dimension beschränken lässt, kommt es zu „ … mehrdimensionalen Informationsobjekten."[229] Diese werden dann über das weiter oben erläuterte Star-Schema z. B. in Form eines Data Cubes mit mehreren Dimensionen bzw. Dimensionstabellen abgebildet.

3.3.2.2.3 Hierarchien

Eine Hierarchie ist eine Struktur in einer Dimension,[230] die auf eine unberücksichtigte Modellierungsanforderung zurückgeht bzw. die von dem zugrunde liegenden Datenmodell nicht entsprechend umgesetzt werden kann.[231]

Für den Prototyp des MC soll durch eine Hierarchie-Struktur die dargestellte Indikator-Hierarchie des HC abgebildet werden. Dabei dienen Hierarchien einerseits zur Anzeige einer Baumstruktur bei Auswertungen über die Dimension und legen andererseits Konsolidierungspfade fest, „ … auf denen die Datenbank aggregierte Zahlen berechnen kann."[232] Die notwendigen Informationen liefern die identifizierenden Attribute, die den entsprechenden Hierarchieebenen zugewiesen werden und dadurch die Auswertungsdimensionen strukturieren.[233] Daher bestimmten die Attribute auch die „ … Navigation entlang der Ebenen von Konsolidierungshierarchien … "[234].

3.3.2.3 Datenmodell für das Unternehmensszenario

Für die Entwicklung eines MC-Prototyps zur Unterstützung des PM des HC ist die Entwicklung eines passenden Datenmodells der reportingrelevanten Datenobjekte hinsichtlich der Anforderungen an die abzubildenden Informationen zu

---

[227] Oehler (2000), S. 58.
[228] Vgl. Thomsen (1997), S. 29ff.
[229] Oehler (2000), S. 58.
[230] Vgl. Oehler (2000), S. 52.
[231] Vgl. Holthius (1999), S. 130.
[232] Thurnheer (2003), S. 18 i. V. m. Engels 1996: S. 22.
[233] Vgl. Thurnheer (2003), S. 18 i. V. m. Engels 1996: S. 22.
[234] Hahne (2005), S. 111.

erstellen. Im Folgenden sollen daher die Datenstrukturen des zentralen ODS-Objekts und der darüber liegenden Data Cubes sowie des übergeordneten virtuellen Cubes erläutert werden. Dazu wird als Modellierungstechnik das Entitiy Relationship Modell (ERM) eingesetzt,[235] mit dem die entsprechenden Tabellen der Datenobjekte mit ihren relevanten Strukturmerkmalen datenbankunabhängig beschrieben werden sollen.

3.3.2.3.1 Modellierung des ODS-Objekts

Die Struktur des ODS-Objekts wird durch eine flache Tabelle repräsentiert, die alle aus den Quellsystemen extrahierten Daten in „… historisch transformierter und aufbereiteter Form …"[236] aufnehmen soll. Die einzelne Entität des ODS-Objekts besitzt folgende Struktur:

Datentabelle des ODS-Objekts										
Standort-ID	Abteilung-ID	Indikator-ID	Tag	Monat	Jahr	Datenart	Meldungsdatum	Meldungserfasser	Wert qual.	Wert quan.

Tabelle 2 – Datentabelle des ODS-Objekts

Als erstes Datenfeld werden die organisatorischen Merkmale in Form der Standorts und der Abteilung-ID in der Datentabelle des ODS-Objekts gespeichert. Die nachfolgenden Datenfelder identifizieren den jeweiligen Indikator und die in Abhängigkeit von seiner Erhebungsperiodizität gültige Messperiode. Des Weiteren enthält der Datensatz das Attribut „Datenart", mit dem es als Plan-, Soll- oder Ist-Wert gekennzeichnet wird sowie Identifikationsdaten in Form des Zeitstempels „Meldungsdatums" sowie des verantwortlichen Erfassers. Die letzten beiden Datenfelder der ODS-Datentabelle bilden die im Rahmen des PM gemessenen Indikator-Werte ab; repräsentiert der jeweilige Datensatz bspw. einen qualitativen Indikator, so wird lediglich das Datenfeld „Wert qual." befüllt wohingegen das andere Wert-Datenfeld leer bleibt.

---

[235] Zum ERM vgl. Chen (1976), S. 9ff.
[236] Hahne (2005), S. 50.

3.3.2.3.2 Modellierung der Data Cubes auf Data Mart-Ebene

Die Modellierung der Data Cubes erfolgt nach dem Star-Schema mit Ausrichtung auf die zu erwartenden Abfragen bei der Datenanalyse. Dabei gilt der Modellierung der Dimensionen besondere Aufmerksamkeit. Die Data Cubes auf Data Mart-Ebene gliedern sich dabei in folgende Tabellen:

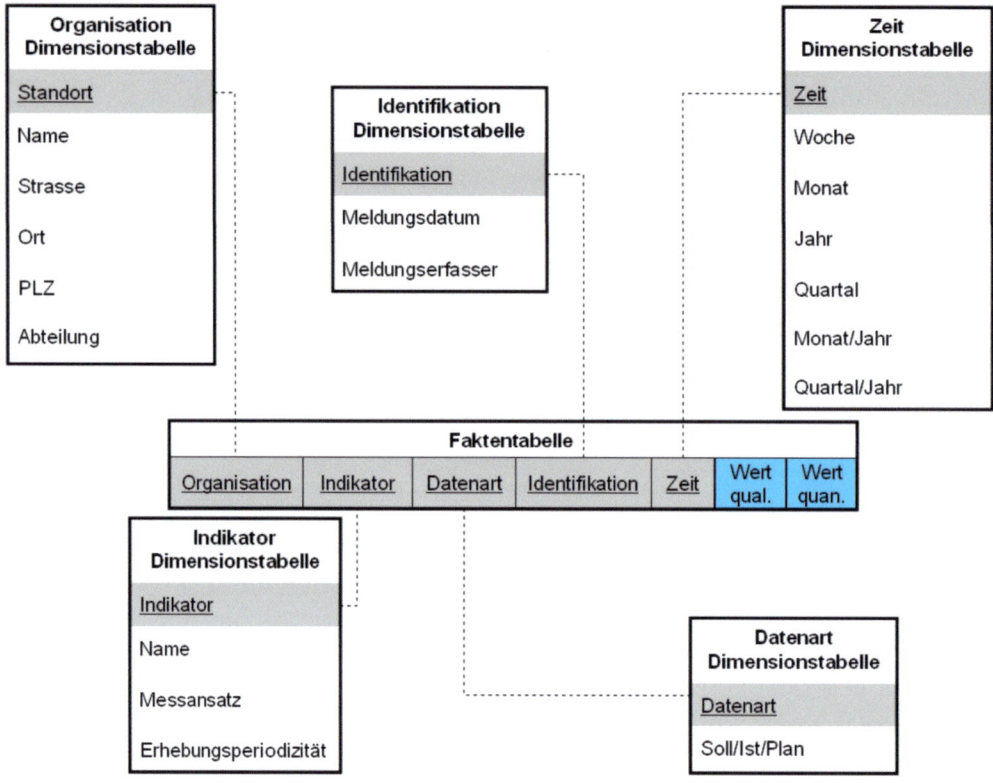

Abbildung 10 – Star-Schema des Data Cubes auf Data Mart-Ebene[237]

In der Entität der Organisation-Dimensionstabelle werden alle organisatorischen Merkmale der ODS-Datentabelle zusammengefasst und um zusätzliche reportingrelevante Attribute ergänzt, die zur Erläuterung der Daten angezeigt werden können.[238] Die Dimensionstabelle „Indikator" enthält die einzelnen HC-Indikatoren beschreibenden Merkmale, wie dessen Namen, seinen

---

[237] Eigene Darstellung.
[238] Vgl. dazu auch die Attributs-Funktionen in Kapitel 3.3.2.2.13.3.2.2.1 Attribute und Fakten, S. 51.

Messansatz (qualitativ oder quantitativ) sowie die Erhebungsperiodizität[239]. Die Dimensionen „Datenart" und „Identifikation" übernehmen die korrespondierenden Datenfelder des ODS-Objekts und ergänzen dieses lediglich um beschreibende Texte. In der Zeit-Dimension werden die im ODS-Objekt vorgehaltenen Datumsfelder um die übrigen in der Abbildung 10 dargestellten Zeit-Attribute ergänzt, um bei Auswertungen Zeitreihenanalysen zu beschleunigen. Da die Auswertungen im Rahmen des MC für den Manager nur in einem wöchentlichen Turnus abgefragt werden sollen, wurde zudem das Tagesgenaue Datums-Attribut durch begriffsinhaltlich korrespondierende Datums-Attribut „Woche" ersetzt. Die beiden Wert-Datenfelder in der Faktentabelle übernehmen die Werte aus den korrespondierenden Feldern der ODS-Datentabelle. Jedoch findet hier eine Konsolidierung bestimmter quantitativer Indikator-Werte statt, die nach den Vorgaben der im Hauptsitz Deutschland üblichen Bezugswerte angeglichen werden sollen, um die Vergleichbarkeit der Daten zwischen den verschiedenen Unternehmensstandorten zu gewährleisten.[240] Dazu werden die Datensätze der quantitativen Indikatoren mit qualitativen Faktendaten angereichert, die zielorientiert aus den quantitativen Faktendaten berechnet werden sollen.[241]

3.3.2.3.3 Modellierung des virtuellen Data Cubes

Der übergeordnete virtuelle Data Cube, der als Datengrundlage für die meisten im MC dargestellten Informationen dienen soll, besitzt die gleiche Struktur wie die zuvor beschriebenen Data Cubes auf Data Mart-Ebene. Allerdings wird hier zum Ausweis der HC-Performance im MC lediglich das qualitative Wert-Datenfeld vorgehalten.

---

[239] Vgl. Kapitel 3.2.2 3.3.2.2.1Performance Measurement der Indikatoren des Human Capital, S. 44.

[240] Hiermit ist z. B. die Umrechnung der Sub-Indikatoren des Verfügbarkeit-PI des HC in Bezug auf unterschiedliche Regelungen der Arbeitszeiten in den verschiedenen Ländern bzw. Niederlassungen gemeint.

[241] Vgl. Kapitel 3.2.2 Performance Measurement der Indikatoren des Human Capital, S. 44 und Kapitel 4.3.2.3 Definition der Fortschreibungsregeln, S. 90.

3.3.3 Datenakquisition

Zum Befüllen des DWH mit Daten aus den verschiedenen Quellsystemen müssen die Indikator-Daten der für das PM der HC-Perfomance aus den operativen SAP HR-Systemen ausgelesen und in die entsprechenden Datenobjekte des DWS transferiert werden. Dieser Vorgang gliedert sich in zwei Bereiche. Die als Staging bezeichnete Datenbeschaffung aus den Quellsystemen wird im Rahmen des auf der zweiten Ebene der DWS-Referenzarchitektur[242] angesiedelten Extraktions-, Transformations- und Lade-Prozesses (ETL) durchgeführt.

3.3.3.1 Extraktions-, Transformations- und Lade-Prozess

Der ETL-Prozess hat die Aufgabe, den „ … physischen Zugriff auf die sehr unterschiedlichen [operativen] Systeme zu ermöglichen."[243] In dem hier betrachteten Unternehmensszenario wird die Datenbewirtschaftung[244] durch Extraktor-Programme in den SAP HR-Quellsystemen übernommen, die die entsprechenden Tabellen auslesen und deren Inhalte in einer definierten Struktur an das DWH weiterreichen.

Die benötigten Daten werden so aus den unternehmensinternen und -externen Teilinformationssystemen (den sog. „Datenfabriken" oder „Datenpumpen") extrahiert und können anschließend transformiert[245] werden. Dazu speichert man die unterschiedlichen Datenstrukturen der originären Datenbestände temporär in der sog. Staging Area, um dann dort Dateninkonsistenzen zur Verbesserung der Informationsqualität zu beseitigen.[246] Die Fehlerbereinigung geschieht entweder durch Protokollierung des Extraktionsprozesses und anschließender Korrektur der Daten im Quellsystem oder durch Regeln in den

---

[242] Vgl. Abbildung 5 – Data Warehouse-System-Referenzarchitektur in Anlehnung an das SAP Business Information Warehouse, S. 30.

[243] Bartel et al. (2000), S. 47.

[244] Nach B. Rieger wird unter Berufung auf A. Mentrup der ETL-Prozess auch unter dem Begriff der Datenbewirtschaftung zusammengefasst. Vgl. Rieger (2001), S. 149.

[245] Mit der Transformation ist die Umwandlung der „ … benötigten Basisdaten … in subjektorientierte, zeitrelevanten und konsolidierte [Daten-]Strukturen … " (Kirchner (1996), S.287) gemeint.

[246] Vgl. Bange, Schnizer (2000), S. 10f.

Transformationsprogrammen[247]. Da aufgrund der einheitlichen System-Struktur seitens der SAP-Quellsysteme keine unterschiedlichen Datenstrukturen vorliegen, müssen keine zusätzlichen Anpassungen der Daten vorgenommen werden.

Am Ende des ETL-Prozesses steht das Laden der in der Staging Area aufbereiteten Daten in die Datenziele. Als einziges Datenziel des ETL-Prozesses wird dies in dem zugrunde liegenden Unternehmensszenario durch das zentrale ODS-Objekt repräsentiert, welches letztlich die „ … Quelldatenextrakte auf Belegebene … "[248] in unveränderter Form speichert.

3.3.3.2 Datenfortschreibung

Der Datentransfer zwischen den Datenobjekten innerhalb des DWH wird als Datenfortschreibung bezeichnet.[249] Die einzelnen Schritte der Datenfortschreibung sind mit dem ETL-Prozess kongruent, mit der Ausnahme, dass kein zusätzlicher Extraktor zum Auslesen der Daten definiert werden muss. Dies ist nicht notwendig, weil es sich um interne Datenelemente handelt die im DWS selbst Daten austauschen und somit von ihrer Definition her bekannt sind. Daher müssen sie nicht durch eine zusätzliche Schnittstelle eingebunden werden.

Das Aufbereiten und Umwandeln der Daten erfolgt ebenfalls über Transformationsprogramme. Sie werden für Datenkonsolidierungen genutzt, um z. B. die Sub-Indikatoren des Verfügbarkeit-PI des HC in Bezug auf unterschiedliche Regelungen der Arbeitszeiten in den verschiedenen Ländern bzw. Niederlassungen umzurechnen und dann einheitlich in die Data Cubes auf der Data Mart-Ebene laden zu können.

---

[247] Dies können zum einen Transformationsalgorithmen zur Datenfilterung, Extrapolationen oder Umrechnungen zur Quotenkonsolidierung oder Währungsanpassung im Rahmen der vertikalen Transformationen sein. Zum anderen werden durch horizontale Transformationsprozesse Daten verdichtet oder gruppiert.

[248] Vgl. Hahne (2005), S. 52.

[249] S. Anahory und D. Murray unterscheiden zwischen Extraktion aus den Quellsystemen und Einfügen von Daten. Der Einfüge-Vorgang der extrahierten Daten in die Datenziele kann teilweise mit der Datenfortschreibung gleichgesetzt werden. Vgl. Anahory, Murray (1997), S. 38-41.

3.3.4 Datenanalyse

Die in dem beschriebenen Datenmodell gespeicherten PM-Daten zur Evaluierung der HC-Performance sollen für die betriebswirtschaftlichen Fragestellungen im Rahmen des MC-Prototyps analysiert werden. Da die für das Reporting relevanten Data Cubes die Daten nach dem Star-Schema in multidimensionaler Form vorhalten, eigenen sich diese Datenobjekte optimal für OLAP-Analysen. Daher soll im Folgenden das Wesen und die Möglichkeiten des OLAP-Reportings für das MC vorgestellt werden.

3.3.4.1 Würfel-Metapher

Im Rahmen des OLAP-Reporting bedient man sich zu Vergegenwärtigung der auszuwertenden Daten einer Würfel-Metapher.[250]

Wie schon die Kapitelüberschrift zur Erläuterung des Reporting-Objekts „Multidimensionale Data Cubes"[251] verrät, werden die Informationen in diesem Datenobjekt mehrdimensional aufgespannt.[252] Für das bessere Verständnis beschränkt man dabei die Anzahl der Daten-Dimensionen auf den reell wahrnehmbaren Raum. Durch diese Komplexitätsreduktion entsteht ein Datenobjekt in Form eines Kubus[253], dessen Kanten in diesem Zusammenhang die drei abbildbaren Dimensionen bzw. Achsen des Datenraums darstellen.

In einem vereinfachten Beispiel könnte der drei dimensionale Datenraum bzw. Data Cube durch die Indikator-, Standort- und Zeit-Dimension definiert sein. Dies wird in der folgenden Abbildung illustriert:

---

[250] Vgl. Oehler (2000), S. 52ff.

[251] Vgl. Kapitel 3.3.2.1.4 Multidimensionale Data Cubes, S. 50.

[252] Vgl. Hahne (2005), S. 19.

[253] Die Form eines Würfels wird lediglich zur Modellzwecken herangezogen. Da die Anzahl der Ausprägungen in den Dimensionen, die Länge der Dimension determiniert sind, stellen quaderförmige Datenräume den normalen Anwendungsfall dar. Vgl. Oehler (2000), S. 53.

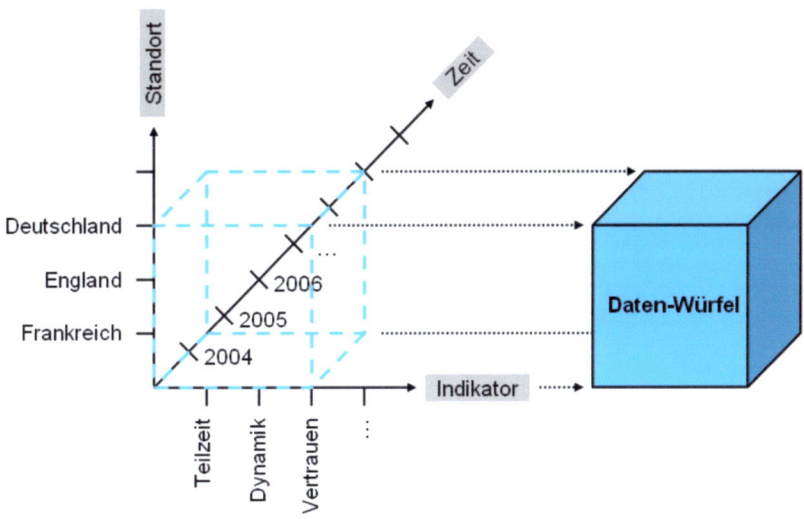

Abbildung 11 – Würfel-Metapher des multidimensionalen Datenraums[254]

Jede eindeutige Kombination der Ausprägungen in allen drei Dimensionen beschreibt im Datenraum einen Punkt der Form (Indikator, Standort, Zeit) und verweist auf eine Fakten-Wert-Ausprägung.

3.3.4.2 Navigation

Möchte man nun einen solchen Punkt im Datenraum lokalisieren, bedient man sich verschiedener Techniken, die die Navigation in multidimensionalen Daten-objekten beschreiben. Die Navigation ist dabei der Prozess der Informationsfin-dung, indem man durch bestimmte Operationen den Datenbestand einschränkt und so die gewünschten Informationen findet.

3.3.4.2.1 Drill Up und Drill Down

Eine Navigationstechnik ist das sog. Drilling-Verfahren. Hiermit kann die Granularität des selektierten Datenbestand entweder detailliert (Drill Down) oder verdichtet (Drill Up[255]) werden. Dies erfolgt z. B. durch das Aggregieren von Attri-buts-Ausprägungen in einer Dimension oder „das Herunterbewegen in einer Dimen-sionshierarchie zu Elementen mit einem niedrigeren Verdichtungsniveau …"[256].

---

[254] Eigene Darstellung.
[255] Das Drill Up-Verfahren wird auch als Roll Up bezeichnet. Vgl. Hahne (2005), S. 21.
[256] Holthuis (1999), S. 155.

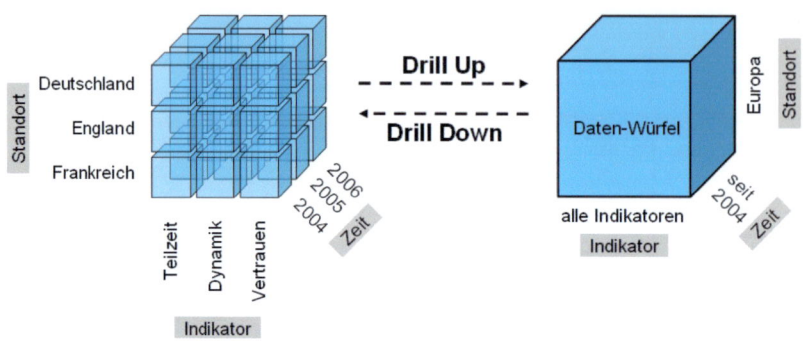

Abbildung 12 – Datenanalyse mittels Drill Up und Drill Down[257]

3.3.4.2.2 Slicing und Dicing

Mit Hilfe des Slicing selektiert man den multidimensionalen Datenbestand nach einzelnen Dimensionselementen; man schneidet (sliced) den Daten-Würfel also in Scheiben.[258]

Die Dice-Operation[259] pivotiert den Datenraum.[260] Dabei spricht man auch vom Würfeln des Datenraums, da der selektierte Datenraum nun gedreht wird.

Die Abbildung 13 zeigt ausgehend vom obigen Beispiel zuerst die Slice- und dann darauf aufbauend die Dice-Operation:

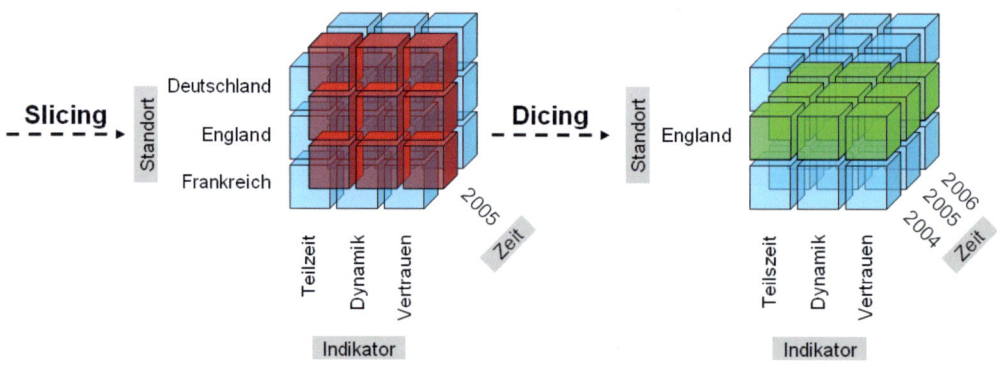

Abbildung 13 – Datenanalyse mittels Slicing und Dicing[261]

---

[257] Eigene Darstellung. Dabei beinhalten die einzelnen Würfelzellen die Werte, die durch die Würfelkanten strukturiert werden. Vgl. Hahne (2005), S. 19.

[258] Vgl. Thurnheer (2003), S. 21.

[259] „Diese Funktionalität wird [auch] Data Dicing oder Ranging genannt." Holthuis (1999), S. 157. (Fettgedruckte Worte des Originals wurden in das Standardformat überführt.)

[260] Vgl. Oehler (2000), S. 177f.

[261] Eigene Darstellung.

3.3.4.3 OLAP Engine

Um die beschriebenen Operationen auf den im DWH gespeicherten Daten ausführen zu können, müssen diese zuerst in die benötigte[262] multidimensionale Form für die Auswertung nach gestuften, miteinander kombinierbaren Kriterien transformiert werden.[263] Dies übernimmt die im Output Layer der DWS-Referenzarchitektur[264] angesiedelte OLAP Engine[265].

3.3.5 Datenkommunikation

Die Kommunikation der im DWH abgelegten Daten zum PM des HC soll durch das Informationsinstrument des MC-Prototypen erfolgen. Dieser wird in Form eines Webservices dem Manager des HR-Bereichs zugänglich gemacht und im Sinne der in Kapitel 2.1 Management Cockpit[266] dargelegten Ansatzpunkte des MC-Konzepts umgesetzt.

Im Folgenden soll die Konzeption eines MC in Bezug auf das in dieser Arbeit vorgestellte Unternehmensszenario weiter ausgeführt werden. Dazu wird einerseits die Selektion der zu präsentierenden Informationen diskutiert und andererseits softwareergonomische Anforderungen in Verbindung mit der Visualisierung von Informationen für ein Anwender-Zentriertes-Design des MC angesprochen. Diese Überlegungen sollen dann bei der Realisierung des MC-Prototypen für das PM des HC beachtet und konkret umgesetzt werden.

3.3.5.1 Auswahl der Daten

Dem Ansatz des MC folgend, sollen ausschließlich die relevanten Daten in einem MC angezeigt werden.[267] Da der zu erstellende MC-Prototyp die Unter-

---

[262] E. F. Codd betont die Relevanz multidimensional aufbereiteter Informationen für betriebswirtschaftliche Analyse-Zwecke im Vergleich zu relationalen Datenbanksystemen. Vgl. Codd (1994), S. 5.

[263] Vgl. Espenlaup (1995), S. 53.

[264] Vgl. Abbildung 5 – Data Warehouse-System-Referenzarchitektur in Anlehnung an das SAP Business Information Warehouse, S. 30.

[265] Es gibt drei Varianten von OLAP-Servern: ROLAP, MOLAP und DOLAP. Vgl. Lusti (1999), S. 156f. Für die Implementierung des SAP BW 3.5 kommt aufgrund der relationalen Datenbanktechnik eine ROLAP-Engine zum Einsatz.

[266] Vgl. Kapitel 2.1 Management Cockpit, S. 5.

[267] Aspekte der Informationsselektion werden auch im Rahmen der Aufnahme visueller Informationen in Kapitel 3.3.5.2.2 Erkenntnisse der Akzeptanz- und Implementierungsforschung, S. 65 aus gestalterischer Perspektive heraus diskutiert.

nehmensperspektive der Mitarbeiter repräsentiert, konzentrieren sich die ausgewiesenen Informationen in erster Linie auf die Abbildung der HC-Performance. Diese Primär-Informationen umfassen dabei die in Kapitel 3.2 Organisatorische Konzeption[268] diskutierten HC-Indikatoren, über die nach den in Kapitel 3.3.2.3 Datenmodell für das Unternehmensszenario[269] beschriebenen Dimensionen navigiert werden kann.

Des Weiteren sollen auch Sekundär-Informationen einbezogen werden, die entweder die Primär-Informationen erläutern oder kontextbezogen zusätzliche Aspekte zur Beurteilung der HC-Performance liefern. So soll dem Manager des HR-Bereichs direkter Zugriff auf inhaltlich korrespondierende Informationen gegeben werden. Dies können z. B. durch den CO[270] zu Vergleichszwecken eingepflegte Ergebnisse neuer Untersuchungen in Fachzeitschriften, der aktuelle Börsenkurs oder relevante Passagen des Unternehmensleitbildes in Bezug auf die Führungsgrundsätze und Mitarbeiter-Bestimmungen aus dem Dokumentenmanagementsystem des Intranets oder Portals sein.

3.3.5.2 Visuelle Aufbereitung der Daten

Für die Informationsaufbereitung in einem MC[271] ist es angebracht, die Präsentation der entscheidungsrelevanten Informationen in erster Linie unter gestalterischen Gesichtspunkten der grafischen Aufbereitung mit Ausrichtung auf den Entscheidungsträger[272] zu betrachten.[273] Dabei sollen zum einen ergonomische Aspekte bzgl. der optimalen Aufteilung und Navigation zwischen den einzelnen Informationsbereichen des MC einfließen und zum anderen verhaltenswissen-

---

[268] Vgl. Kapitel 3.2 Organisatorische Konzeption, S. 38.

[269] Vgl. Kapitel 3.3.2.3 Datenmodell für das Unternehmensszenario, S. 53.

[270] Vgl. Fn. 25, S. 9.

[271] Im Rahmen dieses Unter-Kapitels wird sich ausschließlich auf das MC i. e. S. als Visualisierungs- und analytisches Informationsinstrument bezogen. Vgl. Kapitel 2.1.1 Begriffsdefinition, S. 7.

[272] Neben dem Entscheidungsträger gibt es nach E. Frese und A. v. Werder noch die Rollen des Vorbereiters und Realisierers, die ein Mitarbeiter im Entscheidungsprozess einnehmen kann. Vgl. Frese; v. Werder (1993), S. 37. Da das zu realisierende MC jedoch das Management als Anwendergruppe fokussiert, soll lediglich die Entscheider-Rolle betrachtet werden. Die Rolle des Vorbereiters kann zwar dem CO des MC zugeschrieben werden, ist allerdings beim Design des MCs von geringer Bedeutung, da der CO die Informationen des MC nicht nutzt, sondern lediglich zusammenstellt. Vgl. Kapitel 2.1.2 Management Cockpit-Raum, S. 7.

[273] Diese Forderung beruht auf einem Grundsatz der Informationsverarbeitung, der folgendes aussagt: „Entscheidungsträger benötigen zur Problemlösung „relevante" Informationen." Arnold (1989), S. 387 i. V. m. Engelage (2002), S. 39.

schaftliche Erkenntnisse zur Visualisierung von Informationen berücksichtigt werden. Beide Gesichtspunkte beeinflussen erheblich die Wahrnehmung[274] und das Empfinden bzw. die Aufnahme der im MC präsentierten Informationen und infolgedessen die Qualität[275] der auf dieser Informationsbasis getroffenen Entscheidungen.

Um eine adäquate Nutzung und Benutzbarkeit des MC-Prototyps sicherzustellen, werden im Folgenden Beiträge aus der Softwareergonomie-, Akzeptanz- und Implementierungsforschung zusammengetragen. Diese bilden später die Grundlage für den anwenderzentrierten Gestaltungsprozess im Rahmen der Realisierung des MCs zur Unterstützung des PM des HC.

3.3.5.2.1 Erkenntnisse der Softwareergonomieforschung

Die Ergonomieforschung in der IT beschäftigt sich mit der Verbesserung der Human Computer Interaction (HCI), die sich im Rahmen der Softwareergonomieforschung[276] auf die Betrachtung der Benutzeroberfläche im Anwendungskontext einer aufgabengesteuerten und zielorientierten Arbeitssituation konzentriert. In Anlehnung an das MUSE-Konzept (Method for User Interface Engineering) nach P. Gorny gilt es dabei zweck-, interaktions-, und präsentationsgebundene Aspekte zu berücksichtigen und auf die spezifischen Anwenderbedürfnisse anzupassen.[277] Dies erfolgt mit der Zielsetzung die Benutzbarkeit zu erhöhen und die Entscheidungskomplexität zu verringern.

3.3.5.2.1.1 Zweckorientierte Aspekte

Die zweckorientierte Sichtweise betrachtet die Gestaltung der Benutzeroberfläche des MC-Prototyps aus der Perspektive der darzustellenden Analyse-Ergebnisse. Dazu fließen die individuellen Charakteristika des Benutzers

---

[274] Zur Definition von menschlicher Wahrnehmung als subjektiven, aktiven und selektiven Vorgang der Interpretation und Verknüpfung von Reizen mit im Gehirn gespeicherten Informationen vgl. Murch, Woodworth (1978), S. 22.

[275] Die Qualität von Entscheidungen wird nicht mit dem Ergebnis, dass eine Entscheidung erzielt, gleichgesetzt, sondern mit dem Maß der Fundierung der Entscheidung verbunden. Vgl. Meyer (1996), S. 24.

[276] Die Softwareergonomieforschung ist neben der Hardwareergonomieforschung der zweite Teilbereich der Ergonomieforschung.

[277] Vgl. Gorny et al. (1993), S. 125ff.; Carl von Ossietzky Universität Oldenburg (2005a), http://www-cg-hci.informatik.uni-oldenburg.de, o. S. i. V. m. ISO (1997), http://www.iso.org, o. S.

und der im Informationssystem abzubildende Aufgabe mit ein und bestimmen u. a. die Analyse- und Navigationsfunktionen des MC.[278]

Im Fall des MC-Prototyps stellt die Beurteilung und Optimierung der strategischen Nutzung des HC die abzubildende Aufgabe dar. Dementsprechend soll der Indikatorbaum der HC-Performance für Analysen dargestellt und die Navigation zu detaillierteren Auswertungen der Sub-PIs ermöglicht werden.

3.3.5.2.1.2 Interaktionsorientierte Aspekte

Aus der Perspektive der Interaktion mit dem MC betrachtet man die Interaktionsformen im Sinne der Benutzerführung und Anwendungsfunktionen innerhalb des Informationssystems. In diesem Bezugsrahmen gilt es für die MC-Erstellung Anforderungen wie

- den leichten Zugriff auf die Datenbestände,
- die Unterbrechbarkeit von Datenanalysen,
- die Einhaltung einheitlicher und nachvollziehbarer Bearbeitungsreihenfolgen und
- die besondere Unterstützung von oft wiederholten Arbeitsschritten

zu beachten.[279]

3.3.5.2.1.3 Präsentationsorientierte Aspekte

In der Präsentationssicht werden die Erscheinungsformen für die Interaktionssicht festgelegt. Dies geschieht z. B. durch die Erstellung und Kommunikation des Style-Guides eines Unternehmens in Kombination mit dem Style-Guide der entsprechenden Anwendungskomponente.[280] So soll dem Anwender eine einheitliche Arbeitsumgebung präsentiert werden, die ihm das Zurechtfinden und das Arbeiten mit dem MC von Beginn an erleichtert.

---

[278] Im Rahmen des MUSE II-Konzepts wird in Anwendungs-, Steuer-, Adaptier- und Metafunktionen unterschieden. Vgl. Carl von Ossietzky Universität Oldenburg (2005b), http://www-cg-hci.informatik.uni-oldenburg.de, o. S. Da das MC aus Sicht des Managers zu gestalten ist, werden hier nur die Steuerfunktionen (Analyse- und Navigationsfunktion) betrachtet.

[279] Vgl. Gorny (1997), S. 7.

[280] Die großen Softwareunternehmen wie Microsoft oder die SAP AG verwenden und veröffentlichen einen genormten Style-Guide für ihre Produkte zur Sicherstellung des einheitlichen „Look and feel" ihrer Anwendungen. Vgl. z. B. Microsoft (1995) oder SAP AG (o. J.), http://www.sapdesignguild.org.

3.3.5.2.2 Erkenntnisse der Akzeptanz- und Implementierungsforschung

Die vorangegangenen Überlegungen des MUSE-Konzepts zur Gestaltung des MCs im Rahmen der Softwareergonomieforschung beziehen sich vielfach auf kognitionspsychologische Forschungsergebnisse.[281] Dieses Paradigma ist stark in der Akzeptanz- und Implementierungsforschung verwurzelt, die wiederum vielfache Bezüge auf die Informations- und Entscheidungsforschung aufweist. J.-A. Meyer greift diese Forschungsgebiete zur Beschreibung und Durchführung der Visualisierung von Informationen zur Optimierung der Entscheidungsqualität auf. Dabei sind insbesondere Akzeptanz-Aspekte bei der Verwendung visueller analytischer Informationssysteme Gegenstand der Forschungen.[282] Diese Aspekte sind stark mit der Identifikation[283] der Zielgruppe des MCs (hier: dem Manager) verknüpft, da deren individuelle Persönlichkeit, Situation und Aufgabe die Akzeptanz und somit die Identifikation mit dem MC determinieren.[284]

3.3.5.2.2.1 Verhaltensorientierte Aspekte

Die verhaltensorientierte Akzeptanzforschung bezieht sich auf das Informations- und Entscheidungsverhalten der einzelnen Persönlichkeit. Dabei wird das Entscheidungsverhalten mit dem komplexen Informationsverarbeitungsansatz gleichgesetzt,[285] der den Menschen als ein offenes, Informationen verarbeiten-des[286] Verhaltenssystem charakterisiert.[287] Im Zusammenhang mit der Konzeption des MC-Prototyps sollen hier in ihrer Reihenfolge im Informationsverarbei-

---

[281] Vgl. Gorny (1997), S. 9.

[282] J.-A. Meyer unterscheidet in der Gliederung seiner Ausführungen zwar explizit die Akzeptanz- und Implementierungsforschung, weist aber deutlich auf die offensichtliche Vermischung der Erkenntnisse und Auswirkungen der beiden Paradigmen hin. Vgl. Meyer (1996), S. 139. Da die Implementierungsforschung keine weiteren Erkenntnisse für die Gestaltung des MC i. e. S. erbringt, soll im Weiteren nicht zwischen den Forschungsprogrammen unterschieden und der Fokus auf die Beeinflussung der Akzeptanz des MC-Prototyps gelegt werden.

[283] Akzeptanz soll hier als Voraussetzung für die Identifikation des Managers mit den Problemen der Unternehmung verstanden werden, die er durch die Verwendung bzw. Akzeptanz des MC besser bewältigen kann.

[284] Vgl. Meyer (1996), S. 132ff.

[285] Vgl. Franck (1992), S. 632ff.

[286] Die Informationsverarbeitung setzt sich aus der Informationsnachfrage, dem Informationsbedürfnis, der Informationslieferung, der Informationsversorgung sowie der Informationsverwertung zusammen. Vgl. Hauschildt (1983), S. 5ff.

[287] Vgl. Meyer (1996), S. 75ff.

tungsansatz[288] insbesondere die Sequenz der visuellen Informationsaufnahme, -verarbeitung und -speicherung Beachtung finden, die den Entscheidungsprozess in all seinen Phasen beeinflussen.

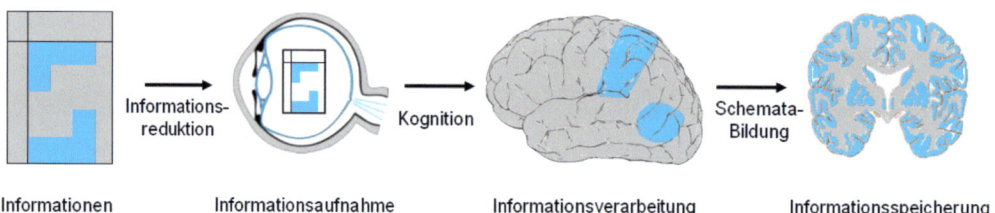

Abbildung 14 – Informationsverarbeitungsprozess bei der visuellen Informationsaufnahme[289]

Die visuelle Informationsaufnahme bestimmt dabei die Wahrnehmung der dargestellten Informationen im Hinblick auf deren kognitive Weiterverarbeitung[290]. Da sich die Informationsaufnahme im ersten Schritt jedoch als Informationsselektion[291] der wahrgenommenen Informationen manifestiert, gilt es, den potentiellen Informationsverlust bzw. die Informationsreduktion[292] zu minimieren. Dies soll im Rahmen des MCs durch Anwendung der Gestaltgesetze und den von K. Hagge erforschten Informationsordnungsmechanismen geschehen.[293] Im nächsten Schritt wird dann die Weiterverarbeitung der aufgenommenen Informationen im Rahmen der Informationsverarbeitung und -speicherung fortgeführt.

Die Informationsverarbeitung kann unter Berücksichtigung der individuellen kognitiven Problemlösungs-Stile[294] durch die Gestaltung des Informationssystems verbessert werden. Dabei ist z. B. die Denkweise des Managers bei der

---

[288] Zu den Grundannahmen des Informationsverarbeitungsansatzes in Verbindung mit Entscheidungsfindungssystemen vgl. Gerstlauer (2004), S. 113ff. i. V. m Egelhoff (1988), S. 16.

[289] Eigene Darstellung. In Anlehnung an Bierbach (2000), S. 973ff.

[290] Die Weiterverarbeitung kann sich entweder in Form der Bildung eines Perzeptes im Kurzzeitgedächtnis oder im Verwerfen bzw. Ignorieren der Information manifestieren.

[291] Vgl. Engelage (2002), S. 41.

[292] Vgl. dazu auch die Thesen von R. M. Hogarth zur begrenzten menschlichen Informationsaufnahme, die die unbewusste Informationsreduktion bedingen. Vgl. Hogarth (1987), S. 4ff sowie Fn. 8, S. 5

[293] Die für die Realisierung des MC-Prototyp beachteten Gestaltgesetze und Informationsordnungsmechanismen bilden einen Schwerpunkt des Kapitels 4 Realisierung und werden dort detailliert erläutert. Vgl. Kapitel 4.5.1.3.2 Anwendung der Gestaltgesetze, S. 103.

[294] Zur Unterstützung der Problemlösung mit Hilfe grafisch aufbereiteter Informationen im Rahmen der Theorie der kognitiven Stile vgl. Laudon, Laudon (1991), S. 162f.

Benutzerführung innerhalb des MCs zu antizipieren, die in Abhängigkeit von der Aufgabe durch einen eher systematischen oder heuristischen Problemlösungsstil geprägt sein kann.[295]

Auf die abschließende Informationsspeicherung kann durch die Orientierung des MC-Designs an den Erkenntnissen der Schemata-Theorie Einfluss genommen werden. Die Zielsetzung liegt hier in der absichtlichen Bildung neuer bzw. das Abrufen bekannter Wissenseinheiten[296] (Schemata) im Gehirn (als Informationsspeicher), um den komplexen Informationsverarbeitungsprozess in den vorgelagerten Stufen zu vereinfachen.[297] Durch schon vorhandene Wissensmuster können die visuellen Informationen schneller aufgenommen und damit effizienter verarbeitet werden. Andererseits kann durch die Stimulation der Bildung neuer Schemata die Aufmerksamkeit für bestimmte Informationen erhöht werden.[298] Diese Erkenntnisse gilt es u. a. hinsichtlich der Farb-Metaphorik zur Interpretationsunterstützung bestimmter Informationen durch entsprechende Visualisierungen zu berücksichtigen.[299]

3.3.5.2.2.2 Aufgabenorientierte Aspekte

Im Rahmen der aufgabenbezogenen Akzeptanz visueller Darstellungen bzw. der Identifikation mit der Visualisierung einer Problemstellung besteht eine Verbindung mit der zuvor beschriebenen persönlichen Akzeptanz bei der Informationsverarbeitung sowie der zweckorientierten Perspektive in der Softwareergonomieforschung.[300] Durch eine den Managerbedürfnissen sowie seinen Präferenzen angepasste Visualisierung lässt sich eine größere Partizipation mit seiner Arbeitsweise und somit auch mit den gefällten Entscidun-

---

[295] Vgl. Mann et al. (1989), S., 103f. Im Hinblick auf die Problemlösungsunterstützung von Informationssystemen vgl. auch die Funktionsweise von DSS in Kapitel 2.3.1.2 Decision Support System, S. 24.

[296] Zur Definition von Schemata vgl. D'Andrade (1995), S. 122 oder Rummelhart (1980), S. 34.

[297] Zur Bedeutung von Schemata bzw. Wissensmustern in der Informationsverarbeitung vgl. Mandl et al. (1988), S. 124.

[298] Vgl. Meyer (1996), S. 93f.

[299] Ein Beispiel hierfür ist das oft für die Klassifikation von Informationen hinsichtlich ihrer Vorteilhaftigkeit für das Unternehmen verwendete Ampelschema oder auch die im Rahmen des MCR angesprochene farbliche Separation der verschiedenen Unternehmenssichten. Vgl. Kapitel 2.1.2 Management Cockpit-Raum, S. 7.

[300] Vgl. Kapitel 3.3.5.2.2.1 Verhaltensorientierte Aspekte, S. 66 und Kapitel 3.3.5.2.1.1 Zweckorientierte Aspekte, S. 64.

gen[301] erreichen.[302] So kann die Identifikation mit den im MC für eine Entscheidung zur Verfügung gestellten Information steigen, indem eine an die persönlichen Präferenzen des Anwenders angepasste Informationsstruktur eingehalten
wird. Dies ist z. B. für die Darstellung des Plan-Ist-Vergleichs der
HC-Indikatoren von Belang.

3.3.5.2.2.3 Situationsorientierte Aspekte

Die situative Akzeptanz wird nach D. Müller-Böling und I. Ramme[303] durch die
physikalische, personelle und sonstige Umgebung beeinflusst.[304] Unter der
sonstigen Umgebung wird u. a. die technische Umsetzung und Verfügbarkeit
der Ressourcen verstanden.[305] Dies kann in dem hier zugrunde gelegten
Kontext allgemein auf die Verwendung der IT und der durch sie gegebenen
Möglichkeiten zur Visualisierung von Informationen bezogen werden.

Akzeptanzproblemen seitens des Managers soll im dem beschriebenen Fall
dadurch vorgebeugt werden, dass für ihn verständliche und benutzbare Techniken zur Darstellung von Informationen in grafischer Form genutzt werden. Bei
der Navigation innerhalb des MCs ist z. B. darauf zu achten, dass diese ausschließlich durch die Maus erfolgen kann und die Vorgehensweise in sich
konsistent und leicht nachvollziehbar bleibt. Des Weiteren ist auch die Ge-
schwindigkeit der Verfügbarkeit ein situatives Akzeptanzriterium, die durch
entsprechende Performance-Optimierungen im Datenmodell und bei der
Formulierung der Auswertungen berücksichtigt werden muss.[306]

Im Bezugsrahmen der Implementierungsforschung ist zudem auf die Veränderung der Situation des Managers z. B. in Hinblick auf die Erweiterung oder

---

[301] Vgl. zum Zusammenhang der durch die Visualisierung geschaffenen Akzeptanz mit der
Partizipation an einer Entscheidung die Partizipation-Effizienz-Hypothese von H. Staehle.
Vgl. Staehle (1991), S. 501.

[302] So stellt W. Ruf z. B. Akzeptanzprobleme auf Anwenderseite dar, wenn die Benutzer nicht in
den Entwicklungsprozess eingebunden werden. Vgl. Ruf (1988), S. 113.

[303] Vgl. Müller-Böling, Ramme (1990), S. 114ff.

[304] Da die physikalische und personelle Umwelt wenige Berührungspunkte mit dem MC besitzt
und eher Aspekte der zentralen Funktion eines MCRs betrachtet, sollen diese Dimensionen
der situationsorientierten Akzeptanzforschung nicht näher diskutiert werden. Vgl. Kapitel
2.1.2 Management Cockpit-Raum, S. 7.

[305] Vgl. Meyer (1996), S. 135.

[306] Bei der Daten(fluss)modellierung wurde diese Forderung z. B. durch die fachlich getrennten
Data Cubes auf dem Data Mart Layer bereits umgesetzt. Vgl. Kapitel 3.3.1 Datenfluss, S. 46.
Dies erfolgte wiederum aufgrund der Anforderungen von OLAP-Systemen. Vgl. die erste
FASMI-Regel in Kapitel 2.3.2.3 Multidimensionale OLAP-Analysesysteme, S. 28.

Einschränkung des Entscheidungs- bzw. Handlungsspielsraumes bei der Einführung des MC-Prototyps zu achten.[307]

3.3.5.3 Verfügbarmachung der Daten

Das Informationssystem des MCs soll dem Manager in Form eines Webinterfaces zur Verfügung gestellt werden. Dazu muss die Anwendung über einen Webservice erreichbar sein, der die entscheidungsrelevanten Daten der HC-Performance aus dem DWH ausliest und im MC aufbereitet an den Manager kommuniziert.

Die Kommunikation der Daten erfolgt über dynamisch generierte Internetseiten, die unter Benutzung der Internet-Systemarchitektur an den Browser übermittelt und dort dargestellt werden sollen.

3.3.5.3.1 Webservices

In der IT wird ein Service bzw. ein Dienst als die Fähigkeit eines Telekommunikationsnetzes verstanden, Informationen einer bestimmten Art zu übermitteln.[308]

Für den Webservice des MC-Prototyps gestaltet sich ein solcher Dienst derart, dass der Client als der Dienstempfänger bzw. Service-Consumer über den Browser eine Anfrage an den auf dem Web-Server implementierten Webservice bzw. Service-Provider stellt. Auf diesen Service-Request erhält der Service-Consumer eine Antwort bzw. Service-Response in Form der MC-Webseite mit den gewünschten Informationen.[309] Dabei werden mehrere Webservices in einer Sequenz[310] ausgeführt, die die angeforderten Informationen aus den Datenquellen[311] ermitteln und in Form einer dynamisch generierten Webseite an den Client übertragen.

---

[307] Vgl. Meyer (1996), S. 137.

[308] Zur Definition von Webservices und der zugrunde liegenden Service Oriented Architecture vgl. Barry & Associates, Inc. (2005), http://www.service-architecture.com, o. S.

[309] Vgl. Tanenbaum (2003), S. 5 und 34ff.

[310] Die definierte Aufeinanderfolge von Services nennt man Service-Orchestrierung.

[311] Es wird hier bewusst von Datenquellen gesprochen, da sowohl die im DWH gespeicherten Informationen bzgl. des HC im MC angefordert werden können, als auch die in Kapitel 3.3.5.1 Auswahl der Daten beschriebenen Sekundär-Informationen aus anderen Datenquellen ausgelesen werden müssen. Vgl. 3.3.5.1 Auswahl der Daten, S. 62. Dies geschieht dann simultan durch die erwähnte Service-Orchestrierung. Vgl. Fn. 310, S. 69.

Webservices werden analog dazu, ob sie aktiv oder passiv ihre Informationen verbreiten in Push- und Pull-Dienste unterschieden. Das MC, im Rahmen seiner Analysefunktionen mit den spontan vom Anwender formulierten Ab- bzw. Anfragen, ist somit ein klassischer Pull-Service. Zusätzlich werden in den anderen Funktionsbereichen des MC-Prototyps allerdings auch Push-Dienste, wie bspw. der zu implementierende News Ticker, einbezogen, die selbstständig bzw. aktiv ihre Informationen liefern bzw. aktualisieren.[312]

3.3.5.3.2 Dynamische Webseiten

Hinsichtlich der Generierungsinstanz dynamischer Webseiten wird zwischen clientseitigen und serverseitigen dynamischen Internetseiten unterschieden.[313]
Bei clientseitiger Generierung bzw. Manipulation von Web-Dokumenten erfolgt die Erstellung des Quellcodes der darzustellenden Webseite auf dem Front End. Diese Technik wird für optische Aufbereitungen im Rahmen der Navigation auf Webseiten verwendet. Mit Hilfe spezieller Script-Sprachen können so bspw. dynamische Menüs dargestellt und in den an sich statischen HTML-Kontext eingebettet werden. Allerdings erfolgt die Dynamisierung der Internetseite stets auf den bereits vom Server übermittelten Daten, die sich aus dem Quelltext zur Formatierung der Webseite und den darzustellenden fachlichen Informationen zusammensetzen. Daher sind nur „oberflächliche" Manipulationen des vorliegenden Datenbestands, wie z. B. das Ausblenden und spätere Wiedereinblenden von fachlichen Informationen, möglich. Für weitere Navigationsschritte, die mit einer Veränderung der Datenbasis einhergehen, müssen erneut Daten vom Service-Provider angefordert werden.
Erfolgt die Generierung einer Webseite serverseitig, kann dort direkt auf die zugrunde liegende Datenbank zugegriffen und die für die neue Abfrage relevanten Informationen ausgelesen werden. Mit diesen Daten wird dann ein neues Webdokumenten erstellt, das neben den fachlichen Informationen auch den darstellenden Quelltext mit clientseitigen dynamischen Komponenten enthält.

---

[312] Vgl. Haldi (2001), S. 180.
[313] Vgl. Hirsemann, Rochusch (2003), S. 21.

Für die Erstellung eines internetbasierten Informationssystems gilt es daher zu beachten, welche Funktionen client- oder serverseitig implementiert werden sollen.[314]

3.3.5.3.3 Browser

Die von einem Webservice-Provider generierten Internetseiten werden vom Browser interpretiert und die enthaltenen Informationen entsprechend präsentiert. Somit stellt er das Visualisierung-Werkzeug für das MC dar.

Des Weiteren dient der Browser als Front End bzw. Analyse-Werkzeug zur Kommunikation mit der Datenbasis, da der Manager über ihn seine Auswertungen formuliert bzw. Service-Requests abschickt.

3.4 Zusammenfassung

Sowohl aus technischer als auch aus betriebswirtschaftlicher Sicht macht die Verwendung eines Webservice für die Datenkommunikation Sinn. Durch die einheitliche Schnittstellenarchitektur[315] und Ortsunabhängigkeit von Webservices wird höchstmögliche Einsatzflexibilität geboten. So kann der Benutzer bei entsprechender Einrichtung des Webservice weltweit auf den Dienst zugreifen.[316] Zudem ist dies kosteneffizient, da durch die beschriebene Flexibilität Transaktionskosten gespart werden können.[317]

Durch die Verwendung eines Webservice zur Informationsübertragung ist als Front End für die Darstellung des MCs der Browser vorgegeben. Somit sind die angestellten Überlegungen zur grafischen Aufbereitung von Informationen aus der Softwareergonomie-, Akzeptanz- und Implementierungsforschung auf dieses Visualisierungsinstrument anzuwenden. Dies geschieht unter der Maßgabe ein anwenderzentriertes Design zu schaffen, welches die darzustel-

---

[314] Da dies jedoch durch die Architektur und Werkzeuge der zugrunde liegenden Implementierungsplattform (wie hier SAP NetWeaver 2004) vorherbestimmt ist, findet keine weitere Betrachtung dieses Aspektes statt.

[315] WebServices sind Softwarekomponenten, die ihre Beschreibung mitliefern und eine hinter standardisierten Schnittstellen gekapselte Funktionalität besitzen. Vgl. WC3 (2002), http://www.w3.org, o. S.; Tanenbaum (2003), S. 34ff.

[316] Zur Raumüberwindungsfunktion von Webservices über das Internet vgl. Mark (1992), S. 50ff.

[317] Vgl. Stiemerling (2002), S. 439ff.

lenden Primär- und Sekundär-Informationen managergerecht visualisiert und so die Informationsflut und Entscheidungskomplexität optimiert.

Die darzustellenden Informationen der HC-Performance des Unternehmens-szenarios stammen aus den drei SAP HR-Systemen der jeweiligen Standorte. Alle relevanten Daten werden über den ETL-Prozess in das DWH geladen und mit Hilfe der DWS-Funktionalitäten konsolidiert in ein multidimensionales Datenmodell fortgeschrieben und dort konsistent vorgehalten.

Das Reporting im Rahmen des MC-Prototyps für das PM des HC erfolgt dabei auf multidimensionalen Data Cubes. Diese Datenobjekte eignen sich optimal für die OLAP-Analysen zur Auswertung der HC-Performance, da sie aufgrund ihrer Datenstruktur die multidimensionalen Performance-Aspekte des HC adäquat abbilden und infolgedessen vielfältige Reportingmöglichkeiten offerieren. Auf dieser Datenbasis soll das MC zur Unterstützung des PM realisiert und die entsprechenden Informationen anwendungsgerecht aufbereitet präsentiert werden.

4 Realisierung

Gegenstand dieses Kapitels ist die Realisierung des MC zur Unterstützung des PM des HC auf Basis der im vorangegangenen Kapitel dargelegten Überlegungen zur Konzeption.

Die Umsetzung erfolgt analog zum Entwurf der informationstechnischen Konzeption[318] mit den Phasen zur Implementierung des Datenmodells, der Datenakquisition, Datenanalyse und Datenkommunikation. Im Vorfeld soll jedoch die technische Basis erläutert werden, auf der die Realisierung des MC zur Unterstützung des PM des HC aufsetzten soll.

Durch den Titel dieser Diplomarbeit ist bereits vorgegeben, dass die Umsetzung des MC-Prototyps mit Hilfe von SAP NetWeaver 2004 erfolgt. Deshalb wird zuerst ein kurzer Überblick über die Implementierungskomponenten des technischen Frameworks von SAP NetWeaver 2004 gegeben. In diesem Bezugsrahmen werden dann auch die für die Realisierung des MC-Protoypen wichtigsten Bestandteile von SAP NetWeaver 2004, die zentrale Anwendungskomponente des SAP Web Application Servers Release 6.40 und das SAP-eigene DWH-Projekt SAP Business Information Warehouse 3.5 detailliert beschrieben.

4.1 SAP NetWeaver 2004

SAP NetWeaver 2004 (SAP NW '04) wird von der SAP AG als Informations- und Integrationsplattform vermarktet, die als Teil der mySAP.com-Produktpalette Menschen, Informationen, Geschäftsprozesse sowie verschiedenen Technologien vereinigen soll. Dies verdeutlicht das folgende Schaubild zur Architektur von SAP NW '04:

---

[318] Vgl. 3.3 Informationstechnische Konzeption, S. 45.

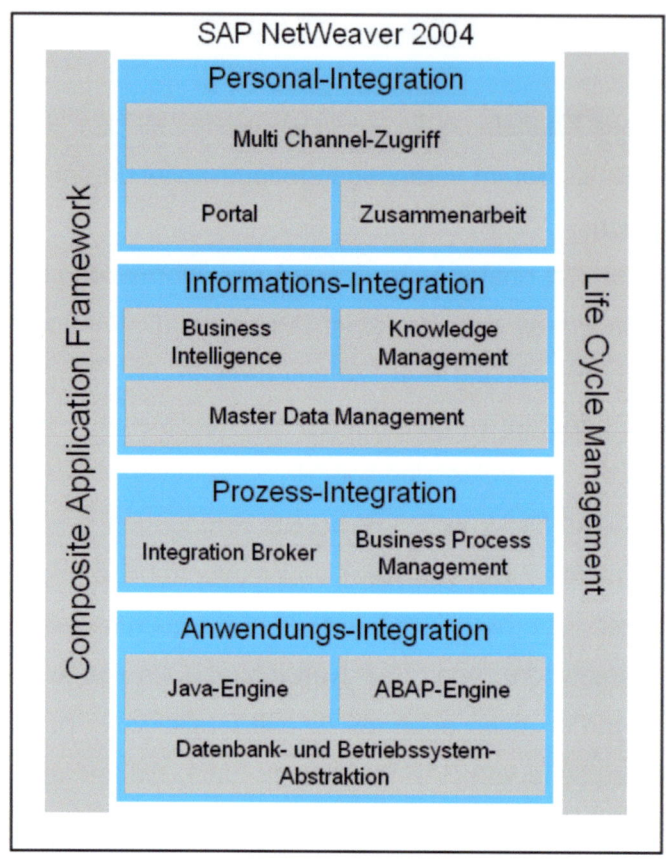

Abbildung 15 – SAP NetWeaver 2004 Architektur[319]

Neue und alte Informationssysteme sollen mit Hilfe von SAP NW '04 konsolidiert und harmonisiert werden, um eine unternehmensübergreifende Datenbasis für alle Unternehmenspartner zu schaffen. Dies geschieht unter der Zielsetzung, einen verkürzten und effizienteren Daten- und Informationszugriff sowie -austausch zu gewährleisten und infolgedessen die gesamte Informationsverarbeitung zu optimieren.

Dazu werden die Komponenten des Composite Application Frameworks und des Life Cycle Managements eingesetzt. Sie stellen eine standardisierte und übergreifende Entwicklungs- und Laufzeitumgebung zur Verfügung, mit der unter minimalem Programmieraufwand funktionsübergreifend integrierbare

---

[319] Eigene Darstellung in Anlehnung an SAP AG (2003), http://www11.sap.com, S. 6.

Applikationen erstellt und über den gesamten Software-Lebenszyklus überwacht und gewartet werden können.[320]

4.1.1 SAP Business Information Warehouse 3.5

Ein Bestandteil der SAP Business Intelligence (SAP BI) Suite der Integrationsplattform SAP NW '04 ist das SAP-eigene DWH-Projekt: Das
SAP Business Information Warehouse 3.5 (SAP BW 3.5).

Das SAP BW 3.5 ist ein vollständiges DWS[321], welches neben der eigentlichen
DWH-Datenbank und den Werkzeugen zu deren Befüllung auch umfangreiche
Reporting-Funktionalitäten besitzt.[322]

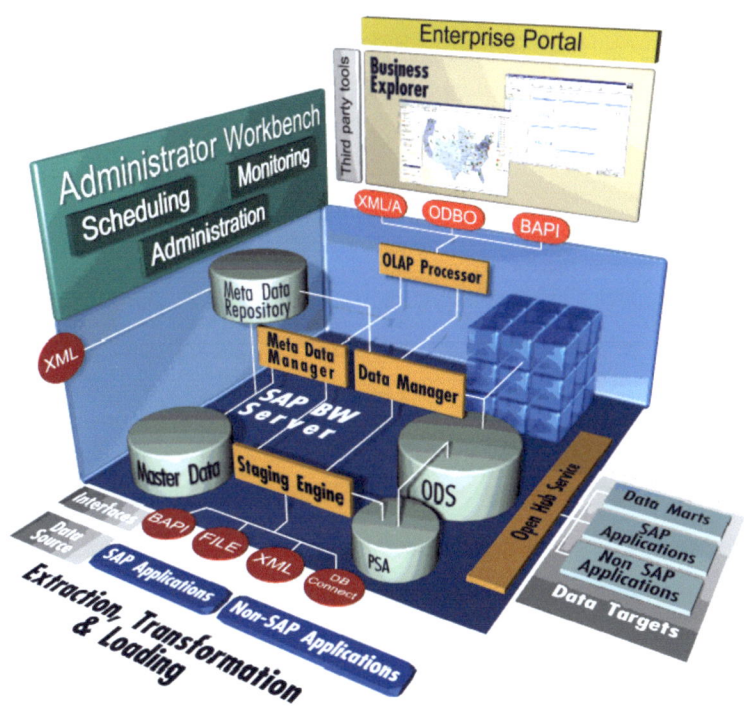

Abbildung 16 – SAP Business Information Warehouse 3.5[323]

---

[320] Heinemann; Rau (2005), S. 27f.
[321] Zu der Definition und den Funktionen eines DWS vgl. Kapitel 2.3.2 Data Warehouse System,
S. 26
[322] Vgl. Abbildung 5 – Data Warehouse-System-Referenzarchitektur in Anlehnung an das
SAP Business Information Warehouse, S. 30.
[323] SAP AG (2003a), http://help.sap.com, o. S.

Ein Überblick über das SAP BW 3.5 gibt die Abbildung 16, anhand derer die wichtigsten Funktionalitäten und Werkzeuge des SAP BW 3.5 erläutert werden sollen.

4.1.1.1 Administrator Workbench

Die Administrator Workbench (AWB) ist das zentrale Bedienungselement des SAP BW 3.5 im Rahmen der Steuerung, Überwachung und Pflege aller Datenbeschaffungsprozesse.[324]

Hier werden im Folgenden alle notwendigen Schritte zur Datenmodellierung vorgenommen und so das im Kapitel 3 Konzeption[325] geschilderte Unternehmensszenario abgebildet. Dazu sollen anhand des entwickelten Datenmodells die äquivalenten Datenelemente definiert und der gesamte Datenfluss mit seinen entsprechenden Extraktions- und Transformationskomponenten nachgebildet werden, um schließlich die Daten der HC-Performance in dem DWH vorzuhalten.

4.1.1.2 Business Explorer

Der Business Explorer (BEx) stellt das Reporting- und Analysewerkzeug des SAP BW 3.5 dar. Mit seiner Hilfe können Auswertungen auf OLAP-Basis definiert und für die Entscheidungsunterstützung verwendet werden.

Hier sollen die für die verschiedenen Sichten des MC-Prototypen benötigten Daten ausgewählt werden. Dies geschieht über sog. Queries, die mit Hilfe des Query Designers angelegt werden und eine Selektion über die Attribute und Fakten des jeweiligen Reporting-Datenelements repräsentieren.

Die bei der Query-Ausführung produzierten Analyseergebnisse können später auf verschiedenste Weise dem Anwender angezeigt werden.

4.1.1.3 Web Application Designer

Für die Zwecke des MC-Prototyps ist vor allem die Web-Integration des Reportings von Relevanz. Der Zugriff auf Auswertungen über das Internet wird mit Hilfe des Web Application Designers (WAD) ermöglicht. Der WAD baut dabei

---

[324] Vgl. SAP AG (2003b), http://help.sap.com, o. S.
[325] Vgl. Kapitel 3 Konzeption, S. 35.

auf den BEx-Funktionalitäten auf und übernimmt die internetgerechte Präsentation der Daten.

4.1.2 SAP Web Application Server Release 6.40

Im Zusammenspiel mit SAP NW '04 stellt der SAP Web Application Server 6.40 (SAP WAS 6.40) die gemeinsame technische Basis für eine Vielzahl von Anwendungskomponenten dar; so auch für das SAP BW 3.5 und den MC-Prototypen.[326]

Im Rahmen von SAP NW '04 ist er die Entwicklungs- und Laufzeitumgebung für ABAP- und Java-Applikationen und dient als Web-Server zur Implementierung von client- als auch serverseitigen Web-Anwendungen.[327] In der Drei-Schichten-Architektur moderner Client-Server-Konzepte arbeitet der SAP WAS 6.40 auf der Applikationsschicht[328]. Dort dient er in Form eines Applikationsservers als Plattform für die Ausführung von Programmen und als Konnektor zwischen Front End und Datenbankschicht. Des Weiteren fungiert der SAP WAS 6.40 als Web-Server zur bi-direktionalen Kommunikation mit dem Internet sowie Entwicklung und Verteilung von Webservices.[329] Da seine Funktionen durch die „ … enge Verzahnung bzw. Kombination eines solchen Systems aus Web- und Applikationsserver"[330] nur schwer getrennt werden können, wurden die beiden Aufgabenbereiche im SAP WAS 6.40 zusammengeführt. Dies verdeutlicht auch das Anwendungsbeispiel des MC.

Für die Realisierung des MC-Prototyps werden über den SAP WAS 6.40 die für die Darstellung des MC benötigten Webseiten generiert und für Anfragen aus dem Internet verfügbar gemacht. Außerdem übernimmt der Web-Server die Abwicklung der eingehenden Service-Requests, indem er diese entgegennimmt und bearbeitet. Dazu wird eine Verbindung mit dem SAP BW 3.5 aufgebaut und die entsprechenden Daten ausgelesen, aufbereitet und durch den

---

[326] Vgl. Heinemann; Rau (2005), S. 21.

[327] Vgl. dazu auch Kapitel 3.3.5.3.1 Webservices, S. 69 und Kapitel 3.3.5.3.2 Dynamische Webseiten, S. 70.

[328] Die Three-Tier-Architektur beinhaltet folgende Schichten in aufsteigender Reihenfolge: Client-Schicht, Applikationsschicht und Datenbankschicht. Vgl. Heinemann; Rau (2005), S. 33.

[329] Vgl. SAP AG (2005), http://help.sap.com, o. S.

[330] Heinemann; Rau (2005), S. 24.

SAP WAS 6.40 ein neu generiertes Webdokument an den Service-Consumer zurückgesendet.

4.2 Datenmodellierung

Für die Realisierung des MC zur Unterstützung des PM des HC ist es zuerst notwendig, den anhand der Anforderungen des Unternehmensszenarios entwickelten Datenfluss und das darauf aufbauende Datenmodell im SAP BW 3.5 abzubilden.

Dazu müssen die benötigten Datenobjekte und Metadaten angelegt und definiert werden, was im Folgenden in der Reihenfolge des Datenflusses skizziert wird.

4.2.1 Definition der InfoObjects

Die Umsetzung eines Datenmodells beginnt stets mit der Definition der Daten-typen und Festlegung ihrer Datenlänge. Dazu werden in der AWB die sog. InfoObjects angelegt, die als kleinste Informationseinheiten des SAP BW 3.5 die Grundlage für alle weiteren Datenziele bilden.

InfoObjects werden dabei ebenfalls fachlich in Attribute und Fakten unterschie-den,[331] wobei die Bezeichnungen im SAP BW 3.5-Umfeld abweichen.[332] Hier wird zwischen Kennzahlen (Fakten) und Merkmalen (Attributen) unterschieden, die analog zu der Definition von Fakten- bzw. Attributsdaten Bewegungs- oder Stammdaten aufnehmen.

Bei der Definition eines InfoObject weist man diesem neben einem systemweit eindeutigen technischen Namen und einer Textbeschreibung auch einen primitiven Datentyp und die Länge des Datenfeldes zu.[333] In Abhängigkeit von der Ausprägung des InfoObject können entweder nur numerische (für die Kennzahl-InfoObjects) oder auch zeichentragende Datentypen zugewiesen werden.

---

[331] Vgl. Kapitel 3.3.2.2.1 Attribute und Fakten, S. 51.
[332] Vgl. Seemann et al. (2001), S. 118 und 120.
[333] Vgl. Hahne (2005), S. 43.

98

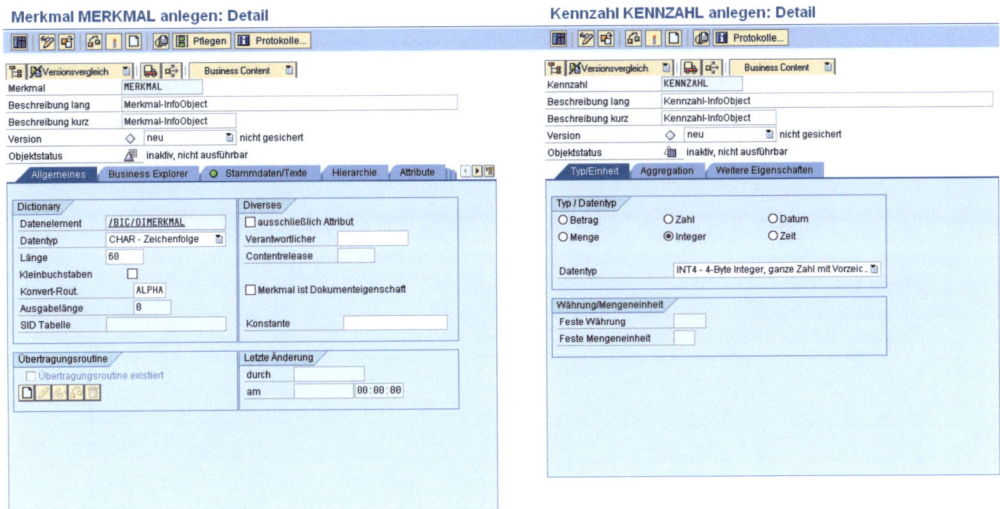

Abbildung 17 – Anlegen von InfoObjects im SAP Business Information Warehouse 3.5[334]

Für die Definition von Kennzahlen ist zudem ggf. die Zuordnung einer Maßeinheit und das Aggregationsverhalten bei Rechenoperationen von Belang. Dazu kann einerseits das normale Aggregationsverhalten festgelegt werden. Dies bestimmt das Vorgehen bei Datensätzen mit Schlüsselgleichheit. Hier kann entweder der aufsummierte, maximale oder minimale Aggregationswert über die Datensätze gebildet werden. Andererseits kann eine sog. Ausnahmeaggregation definiert werden, die in Abhängigkeit von einem Bezugsmerkmal eine Berechnung durchführt.[335] Für die Abbildung des Datenmodells des MC-Prototypen ist Letzteres für die Aggregation der täglich gemeldeten Indikator-Werte von Bedeutung, über die für die wöchentliche Berichterstattung ein gleitender Durchschnitt auf Basis einer Kalenderwoche gebildet werden soll.

InfoObjects des Typs Merkmal besitzen die Eigenschaft, dass ihnen Stammdatentexte zur Beschreibung betriebswirtschaftlicher Sachverhalte zugewiesen und diese sprach- und zeitabhängig vorgehalten werden können.[336] Diese Erläuterungstexte werden den Stammdatenschlüsseln eines Merkmals zugewiesen und können später im Reporting angezeigt werden. Des Weiteren können Ihnen sog. Navigationsattribute zugewiesen werden, die eine Verknüpfung mit anderen Merkmalen definieren. So besitzt z. B. das Merkmal „Indikator"

---

[334] ScreenShot aus dem SAP BW 3.5.

[335] Vgl. Fischer (2003), S. 107.

[336] Vgl. Seemann et al. (2001), S. 122.

die Navigationsattribute Indikator-Name, Indikator-Messansatz und Erhebungsperiodizität, die diesem Merkmal eindeutig zuzuordnen sind und es in seiner
Ausprägung spezifizieren.

Die folgende Übersicht zeigt die InfoObjects, die für die Abbildung des Datenmodells des MC-Prototyps im SAP BW 3.5 mit Hilfe der AWB modelliert wurden:

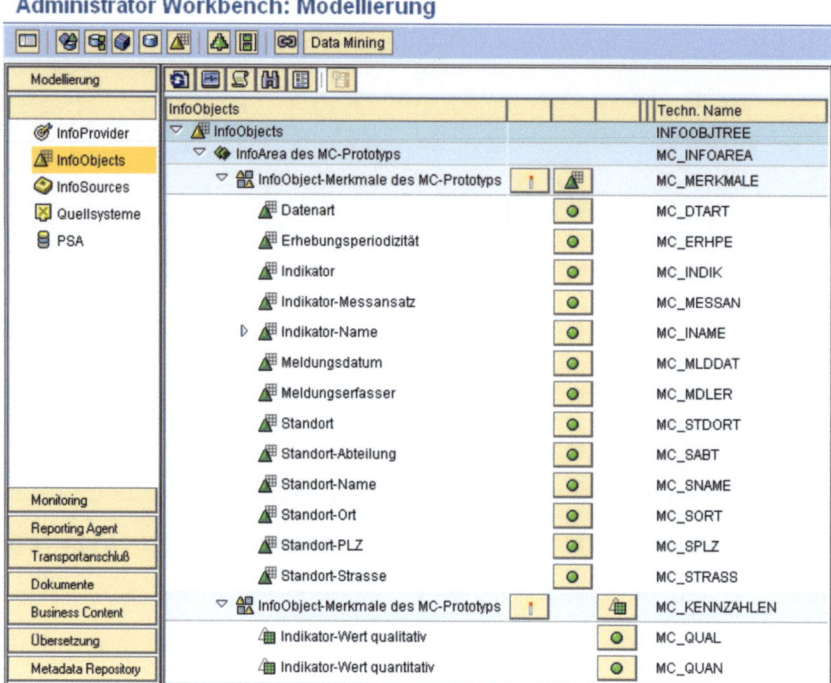

**Abbildung 18 – InfoObjects des Prototyps für das Management Cockpit zur Unterstüt-
zung des Performance Measurements des Human Capital[337]**

4.2.2 Definition des ODS-Objekts

Das erste Datenelement im Datenfluss innerhalb des DWS ist das zentrale
ODS-Objekt, welches die Daten aller anzubindenden Quellsysteme aufnehmen
soll.

Die ODS-Objekte im SAP BW 3.5 sind analog zur implementierungsneutralen
Beschreibung in Kapitel 3.3.2.1.2 definiert.[338] Daher kann die Modellierung des
ODS-Objekts wie in der Konzeption beschrieben erfolgen.[339]

---

[337] ScreenShot aus dem SAP BW 3.5.
[338] Vgl. Kapitel 3.3.2.1.2 ODS-Objekte und Meta-Datenbanksystem, S. 48.
[339] Vgl. Kapitel 3.3.2.3.1 Modellierung des ODS-Objekts, S. 54.

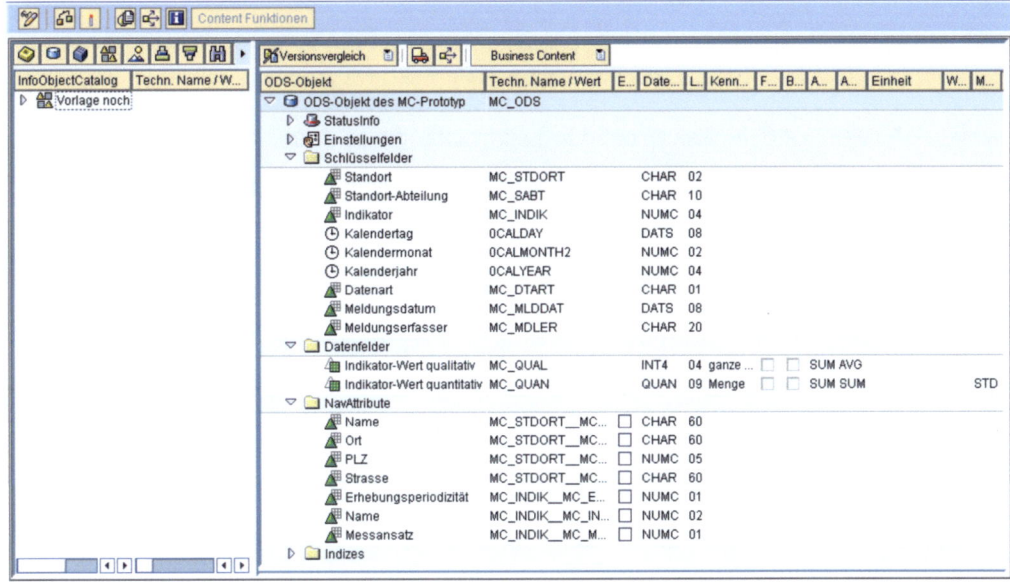

Abbildung 19 – Zentrales ODS-Objekt des Prototyps für das Management Cockpit zur Unterstützung des Performance Measurements des Human Capital[340]

In der obigen Abbildung sind die benötigten InfoObjects zur Definition der ODS-Datenbanktabelle in ihrer Gliederung nach Schlüssel- und Datenfeldern sowie Navigationsattributen aufgeführt. Letztere müssen bei der Datenakquisition nicht befüllt werden und dienen in diesem Fall nur zur Veranschaulichung der verknüpften InfoObjects mit den Merkmalen der Schlüsselfelder.

4.2.3 Definition der InfoCubes

Als nächstes folgt im Datenfluss des Unternehmensszenarios die Data Mart-Ebene mit den drei Data Cubes für jede einzelne Niederlassung.

Multidimensionale Data Cubes werden von der SAP AG als InfoCubes oder BasisCubes bezeichnet. Sie stellen innerhalb des SAP BW 3.5 das Standard-Reportingobjekt und unterscheiden sich nur hinsichtlich der Interpretation des Star-Schemas von den Erläuterungen in Kapitel 3.3.2.[341] Das erweiterte Star-Schema sieht aus Performance-Gründen noch eine zusätzliche Ebene zwischen der Fakten- und der Dimensionstabelle vor, die Schlüsselkombinationen

---

[340] ScreenShot aus dem SAP BW 3.5.
[341] Vgl. insbesondere Kapitel 3.3.2.1.4 Multidimensionale Data Cubes, S. 50 und 3.3.2.2 Star-Schema, S. 50

aus den einzelnen Dimensionsmerkmalen eine sog. S-ID (Surro-gat-Identifikationsdatum) zuordnet. Da die Tabellen für die S-IDs sowie die Fakten- und Dimensionen automatisch vom SAP BW 3.5 angelegt werden, soll dies nicht weiter erläutert und lediglich die Definition des InfoCubes beschrieben werden. Diese erfolgt ebenfalls mit Hilfe der AWB und soll am Beispiel des Data-Marts für den Standort Deutschland dargestellt werden.

Der folgende ScreenShot[342] zeigt zum einen die InfoCube-Pflege der AWB mit den verfügbaren und dem InfoCube zugeordneten Merkmalen. Hier werden über die verschiedenen Reiter auch die in den InfoCube aufzunehmenden Zeitmerkmale und Kennzahl-InfoObjects definiert. Des Weiteren erfolgt über diese Transaktion die Zuordnung der Merkmale zu den verschiedenen Auswer-tungsdimensionen. Dies ist in der nebenstehenden Grafik dargestellt, die in vereinfachter Form das SAP BW 3.5 Star-Schema widerspiegelt und die Aufteilung der Merkmale in Dimensionstabellen erläutert.[343]

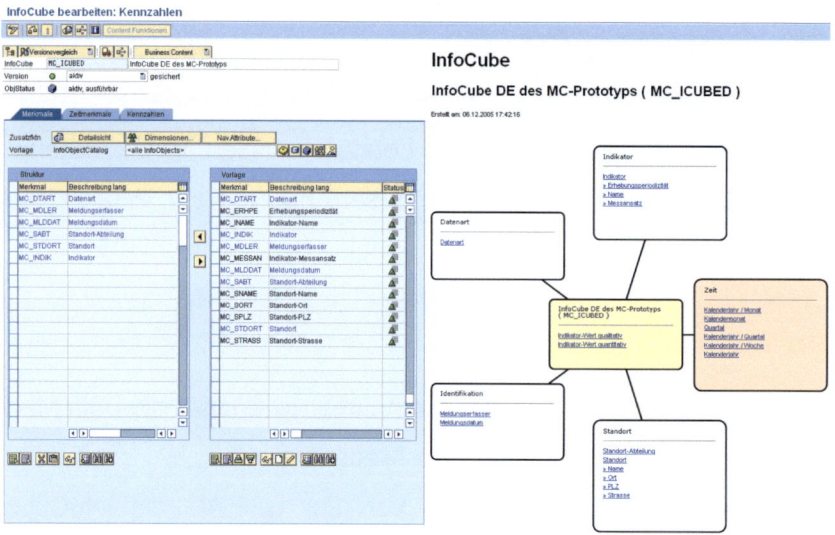

Abbildung 20 – InfoCube des Prototyps für das Management Cockpit zur Unterstützung des Performance Measurements des Human Capital[344]

---

[342] Der linke Teil des ScreenShots stammt aus der InfoCube-Pflege der AWB, wohingegen die rechte Grafik eine aus dem Metadata Repository generierte Grafik ist, die mit Hilfe eines Bildbearbeitungsprogramms zusammengeführt wurde.

[343] Die Darstellung des SAP Star-Schemas ist nicht zuletzt aufgrund der fehlenden S-ID-Tabellen unvollständig. Es werden auch zwei der drei vom SAP BW 3.5 vorgegebenen Standarddimensionen (Datenpaket und Einheiten) unterschlagen. Die dritte nicht explizit zu definierende Dimension beinhaltet die Zeit-Merkmale des Datenmodells eines InfoCubes. Vgl. Mehrwald (2003), S. 92.

[344] ScreenShot aus dem SAP BW 3.5.

Die Definition des InfoCubes auf Data-Mart-Ebene für die deutsche Niederlassung des Unternehmensszenarios erfolgt analog für die InfoCubes der anderen beiden Standorte.

4.2.4 Definition des MultiCube

Das letzte Element im Datenfluss stellt der virtuelle Cube dar, der eine vereinheitlichte Sicht über die Data-Mart-Ebene bieten soll.

Im Sprachgebrauch des SAP BW 3.5 werden diese Datenobjekte mit dem Fachterminus MultiProvider bzw. MultiCube[345] bezeichnet, in denen sämtliche InfoProvider des Systems für das Reporting zusammengefasst werden können. InfoProvider sind alle Datenziele, wie ODS-Objekte oder InfoCubes, die für das Reporting zur Verfügung stehen.[346]

Die Modellierung und Definition eines MultiCubes entspricht im Wesentlichen den Anforderungen von InfoCubes. Zur Einrichtung eines MultiProviders müssen jedoch zuerst die abzubildenden InfoProvider, hier die drei Standort-InfoCubes, ausgewählt und anschließend aus der Gesamtmenge der InfoObjects aller InfoCubes die benötigten Kennzahlen und Merkmale in Abhängigkeit vom InfoProvider selektiert werden. Dabei ist zu beachten, dass ein gemeinsames InfoObject in allen InfoProvidern besteht, „ … das als Schlüssel zum „Verbinden" der InfoCubes dient."[347] Für den vorliegenden MultiProvider werden dazu alle InfoObjects aus jedem der drei BasisCubes übernommen, mit Ausnahme des quantitativen Kennzahl-InfoObject.

4.3 Datenakquisition

Wie in Kapitel 3.3.3[348] beschrieben gliedert sich der Vorgang zur Befüllung des DWH mit den Daten aus den SAP HR-Systemen und der Einrichtung des

---

[345] Dies ist die alte Bezeichnung der SAP AG für einen virtuellen Cube, der im Zeitverlauf durch den Begriff des Multiproviders zur Begriffsvereinheitlichung mit den untergeordneten InfoProvidern eingeführt wurde.
[346] Vgl. Mehrwald (2003), S. 6.
[347] Seemann et al. (2001), S. 130. Anführungszeichen im Zitat wurden geändert.
[348] Vgl. Kapitel 3.3.3 Datenakquisition, S. 56.

Datenflusses innerhalb des DWS in zwei Teilbereiche: Den ETL-Prozess und die Datenfortschreibung.

4.3.1 Definition des Extraktions-, Transformations- und Lade-Prozess

Zuerst müssen die die HC-Performance repräsentierenden Informationen innerhalb der SAP HR-Systeme gesammelt und in einer passenden Struktur dem SAP BW 3.5 zur Verfügung gestellt werden, um sie dann später in das zentrale ODS-Objekt im SAP BW 3.5 zu laden.

4.3.1.1 Definition des Extraktors

Für jeden PI des HC existiert in dem jeweiligen SAP HR-Modul ein sog. Infotyp, der über einen Gültigkeitszeitraum, einen Schlüssel, eine (Wert-)Ausprägung sowie eine Beschreibung definiert und der jeweiligen Person zugeordnet ist. Die folgende Abbildung zeigt die drei Infotyp-Ausprägungen der Indikator-Dimension des Kompetenz-Potentials der HC-Indikator-Hierarchie[349], die in der Tabelle des Infotyps „Qualifikation" der SAP HR-Komponente Personaladministration[350] abgelegt sind.

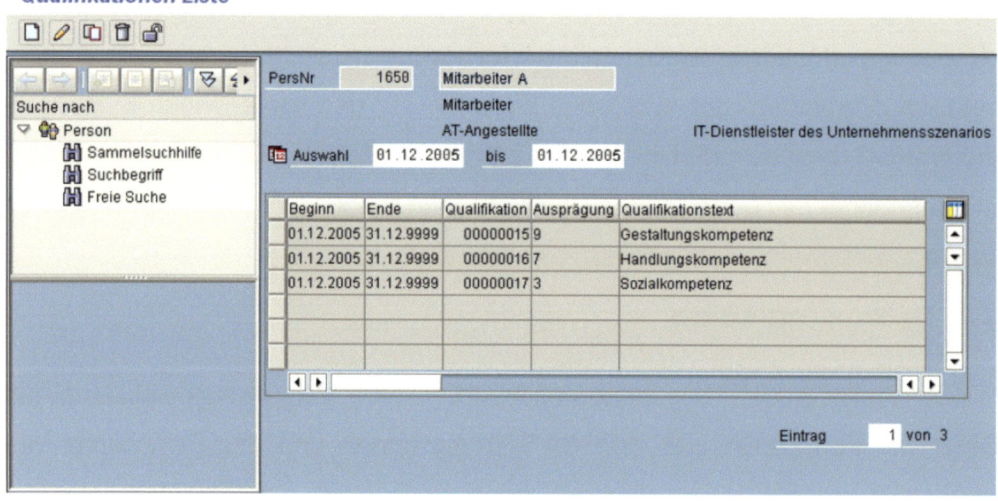

Abbildung 21 – Infotyp des SAP Human Ressource Moduls[351]

---

[349] Vgl. Abbildung 7 – Indikator-Hierarchie des Human Capital, S. 41.

[350] Neben den HC-Performance-Daten aus dem Bereich der Personalentwicklung werden auch Infotyp-Daten aus den SAP HR-Komponenten Organisationsmanagement und Zeitwirtschaft ausgelesen.

[351] ScreenShot aus dem SAP HR.

Das Sammeln und Extrahieren der Infotyp-Daten erfolgt über den sog. Extraktor.[352] Der Extraktor ist in dem hier vorliegenden Fall eine Anwendung bzw. ein Funktionsbaustein auf dem SAP HR-Quellsystem,[353] der die personenbezogenen Daten aus den korrespondierenden Datenbanktabellen der Infotypen ausliest und in Abhängigkeit von ihrer Zuordnung zu Planstellen des Organisationsmanagements auf Abteilungsebene aggregiert.

Die so anonymisierten Daten werden in eine adäquate Datenstruktur für die Extraktion in das SAP BW 3.5 transformiert. Diese Datenstruktur wird als Extraktstruktur bezeichnet und stellt die Schnittstelle zwischen dem Quellsystem und dem DWH dar. Die folgende Abbildung zeigt den Aufbau der Extraktstruktur, die über den Extraktor gefüllt wird:

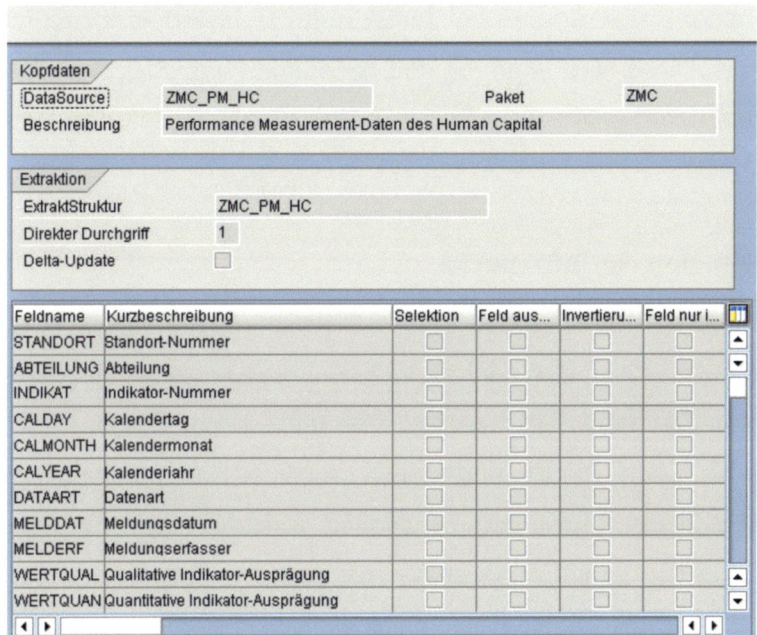

Abbildung 22 – Extraktstruktur des SAP Human Ressource Quellsystems[354]

---

[352] Vgl. Fischer (2003), S. 93.
[353] Ein Extraktor kann auch generischer Natur sein, der lediglich eine ihm zugewiesene Datenbank-View ausliest und in einer passenden Extraktstruktur zur Verfügung stellt.
[354] ScreenShot aus dem SAP HR.

4.3.1.2 Definition der DataSource

Zur Übernahme der Daten in das SAP BW 3.5 muss die Definition der Extraktstruktur und das zugehörige Quellsystems dem DWH bekannt gemacht werden. Dies geschieht über die DataSource, die quellsystemspezifisch angelegt werden muss.

Durch das Einrichten der SAP HR-Systeme als Quellsysteme des SAP BW 3.5 wird die Verbindung hergestellt. Da es sich in dem diskutierten Unternehmensszenario bei den Quellsystemen um SAP-Module handelt, bietet das SAP BW 3.5 die Möglichkeit an, die DataSources zu replizieren[355]; d. h., dass die Definition der Extraktstruktur des Quellsystems automatisch in die DataSource auf DWH-Seite übernommen wird und kein manuelles Anlegen notwenig ist.[356]

Die so generierte DataSource beinhaltet nun die Metadatenbeschreibung des Quellsystems. Diese wird dann mit den passenden InfoObjects im SAP BW 3.5 gemappt und der Zugriff auf die in der Extraktstruktur gelieferten Daten ermöglicht.[357]

4.3.1.3 Definition der InfoSource

Für die Weiterverarbeitung der in der DataSource verfügbaren Daten zum Laden in das Datenziel des zentralen ODS-Objekts wird im SAP BW 3.5 noch eine weiteres Datenelement benötigt: Die InfoSource. Sie besteht aus einer Transferstruktur, den Übertragungsregeln und einer Kommunikationsstruktur.

Die Transferstruktur bildet das Bindeglied zwischen DataSource und Info-Source.[358] Sie übernimmt unverändert die aus der DataSource stammenden Daten und stellt diese für die Ausführung der Übertragungsregeln innerhalb der InfoSource zur Verfügung. Nach Anwendung der Übertragungsregeln, die auch

---

[355] Zum Fachterminus des „Replizierens" vgl. Mehrwald (2003), S. 194.
[356] Vgl. Seemann et al. (2001), S. 159f.
[357] Vgl. Fischer (2003), S. 93f.
[358] Die Transferstruktur ist mit der im Rahmen der Extraktion der Daten aus dem Quellsystem beschriebenen Extraktionsstruktur zu vergleichen, da sie sowohl in der DataSource (dem „Quellsystem" aus Sicht der InfoSource), als auch in der InfoSource selbst abgebildet ist.

als Transferregeln bezeichnet werden, stehen die Daten nun in der Kommunikationsstruktur für die Datenziel-Fortschreibung zur Verfügung.[359]

Da die aus dem SAP HR stammenden Daten durch den Extraktor bereits in der passenden Form geliefert werden, können die Daten eins-zu-eins in die Kommunikationsstruktur übertragen und in das zentrale ODS-Objekt fortgeschrieben werden.

4.3.1.4 Definition der Fortschreibungsregeln

Die Verknüpfung einer InfoSource mit einem Datenziel erfolgt über die sog. Fortschreibungsregeln. Sie stellen neben den Übertragungsregeln die zweite Transformationskomponente im SAP BW 3.5 dar.[360] Mit ihrer Hilfe wird bestimmt, wie welche Daten auf Basis der Kommunikationsstruktur in die vom InfoProvider zur Verfügung gestellten InfoObjects fortgeschrieben werden.

Für Kennzahlen und Merkmale können hier selbst definierte Routinen zur Datenmodifikation hinterlegt werden. So lassen sich über die für jede InfoSource[361] flexibel zu pflegenden Fortschreibungsregeln z. B. Werte einer Kennzahl anhand von Merkmalswerten in Abhängigkeit von dem in der InfoObject-Defintion hinterlegten Aggregationsverhalten[362] aufsummieren oder Merkmalswerte in Abhängigkeit von anderen Merkmalen oder Merkmalswertkombination befüllen.

In unserem Fall sind auch hier aufgrund der stimmigen Datenbasis keine Datenmanipulation notwendig.

---

[359] Ein typischer Anwendungsfall für die Übertragungsregeln ist z. B. die Konvertierung von Datumsformaten, um beispielsweise die in der Transferstruktur in der Form MM/TT/JJ vorliegenden Daten in ein andere Notation wie z.B. TT/MM/JJJJ für die Weiterverarbeitung in die Kommunikationsstruktur zu überführen.
Da für das zugrunde liegende Unternehmensszenario die aus dem Quellsystem stammenden Daten in einheitlicher und für die Weiterverarbeitung passender Form vorliegen, müssen an dieser Stelle keine Konsolidierungen mit Hilfe der Übertragungsregeln durchgeführt werden. Für detailliertere Informationen zu den Möglichkeiten der Übertragungsregeln vgl. Seemann et al. (2001), S. 146ff.

[360] Vgl. Hahne (2005), S. 45.

[361] Mit der Verwendung der Daten aus der Kommunikationsstruktur der InfoSource geht einher, dass die Fortschreibungsregeln InfoProvider-spezifisch sind und daher auch für jedes Datenziel einzeln angelegt werden müssen.

[362] Vgl. 4.2.1 Definition der InfoObjects, S. 78.

4.3.1.5 Definition des InfoPackage

Die Einplanungsoptionen für den Datenladeprozess in das SAP BW 3.5 geschieht mit Hilfe der InfoPackages, die in Abhängigkeit von einer InfoSource angelegt werden. So können z. B. die zu extrahierenden Daten auf bestimmte Ausprägungen eines InfoObject der InfoSource eingeschränkt, die Art der Datenfortschreibung festgelegt oder die über die Fortschreibungsregeln verknüpften Datenziele selektiert werden.

Für das vorliegende Unternehmensszenario sollen die HC-Performance-Daten wöchentlich[363] aus den Quellsystemen in das zentrale ODS-Objekt extrahiert werden. Da das ODS-Objekt das einzige Datenziel im Rahmen des ETL-Prozesses darstellt, sind für die Datenziel-Selektion keine weiteren Anpassungen des InfoPackages notwendig. Die Selektion der zu ladenden Daten ist allerdings einzuschränken, da es „bei der Datenextraktion … nicht erforderlich [ist], eine komplette Momentaufnahme sämtlicher Quellsystemdaten zu ziehen … "[364]. Daher soll das InfoPackage auf die jeweils aktuell zu ladende Berichtsperiode durch Selektion der entsprechenden Datumsfelder eingeschränkt werden.

Die Datenziel-Selektion und das Starten des ETL-Prozesses geschieht automatisch über eine Prozesskette, die wöchentlich vom System aufgerufen wird. Das folgende Schaubild zeigt den kompletten Prozess mit seinen Komponenten noch einmal im Überblick:

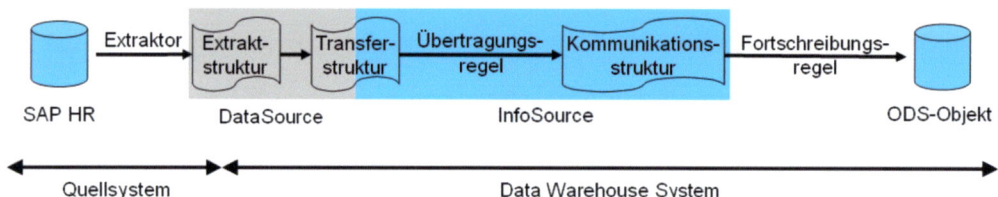

Abbildung 23 – ETL-Prozess im Überblick

---

[363] Der Datenladezeitraum definiert sich aus den Informationsanforderungen des Unternehmensszenarios, das eine wöchentliche Berichterstattung fordert. Vgl. Kapitel 3.1.2 Anforderungen für den Prototyp des Management Cockpits zur Unterstützung des Performance Measurement, S. 36.
[364] Seemann et al. (2001), S. 167.

4.3.2 Datenfortschreibung

Die Datenfortschreibung bezeichnet, wie in Kapitel 3.3.3.2[365] definiert, die Fortschreibung und Transformation von Daten aus den Datenzielen respektive den Datenquellen innerhalb des DWH. Für den Aufbau der Datenbasis des MC-Prototyps soll die Fortschreibung der Daten aus dem zentralen ODS-Objekt in die InfoCubes auf Data-Mart-Ebene erläutert werden.

Die Datenfortschreibung im SAP BW 3.5 verläuft analog zu den letzten drei Phasen des zuvor beschriebenen ETL-Prozesses; die erste Phase der Extraktor-Definition entfällt, weil es sich bei dem zentralen ODS-Objekt um ein internes Datenobjekt des SAP BW 3.5 als Quellsystem handelt, dessen Metadaten-Definition deshalb implizit bekannt ist.

4.3.2.1 Definition der DataSource

Aus zuvor genannten Grund kann die Definition der DataSource automatisch repliziert werden.[366] Die folgende Abbildung zeigt die Struktur der DataSource, die gleichzeitig auch die Transferstruktur der InfoSource darstellt:

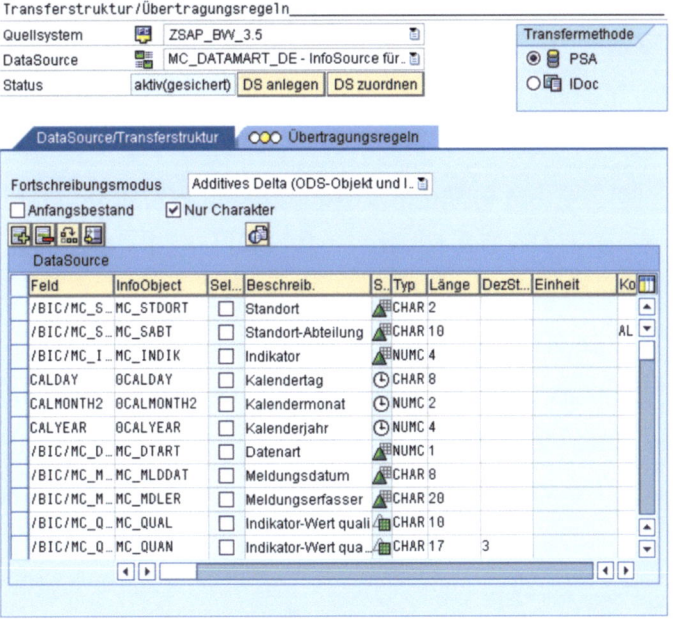

Abbildung 24 – DataSource/Transferstruktur der InfoCubes auf Data Mart-Ebene[367]

---

[365] Vgl. Kapitel 3.3.3.2 Datenfortschreibung, S. 58.
[366] Vgl. Mehrwald (2003), S. 194f.

4.3.2.2 Definition der InfoSource

Die Definition der Übertragungsregeln in der InfoSource beschränkt sich auch hier auf das Mapping der InfoObjects in der Transferstruktur zu denen der Kommunikationsstruktur, da auch hier keine Operationen zur Manipulation der Daten notwendig sind. Dabei ist mit einer Ausnahme eine eins-zu-eins Zuordnung der Strukturen möglich.

Den Sonderfall bildet hier das SAP BW 3.5-Standard-InfoObject „Update Modus", welches die Art der Datenfortschreibung ausweist und vom SAP BW 3.5 automatisch eingefügt wird.[368] Dieses Feld wird während des Prozesses der Datenzielfortschreibung in Abhängigkeit von der Einstellung im InfoPackage initialisiert und dient der Identifikation der Fortschreibungsart, die entweder als ein Initialisierungslauf des Delta Update-Verfahrens, ein Delta Update selbst oder ein Full Update definiert sein kann.[369]

4.3.2.3 Definition der Fortschreibungsregeln

Die Fortschreibungsregeln für die Verknüpfung der InfoSource mit den drei Datenzielen in Form der InfoCubes auf Data Mart-Ebene müssen einzeln angelegt werden.

Allen drei Fortschreibungsregeln ist gemein, dass die zusätzlichen Merkmale in der Zeit-Dimension[370] aus dem InfoObject „Kalendertag" der Kommunikationsstruktur abgeleitet werden sollen. Die Berechnung erfolgt durch eine Konvertierungsroutine des SAP BW 3.5 automatisch beim Laden der Daten. Alle anderen Merkmale werden unverändert fortgeschrieben.

Gleiches gilt für die Kennzahlen. Allerdings mit der Ausnahme, dass für die quantitativen Indikatoren auch das qualitative Kennzahl-InfoObject gefüllt werden muss. Dies ist einerseits notwendig, weil für die Evaluation der HC-Performance, die sich durch die Aufsummierung und Durchschnittsbildung

---

[367] ScreenShot aus dem SAP BW 3.5.
[368] Vgl. Mehrwald (2003), S. 160.
[369] Die Fortschreibungsart soll, da Sie in dem hier modellierten Datenfluss letztlich durch das InfoPackage bestimmt wird, im Kapitel 4.3.2.4 Definition des InfoPackages erläutert werden. Vgl. Kapitel 4.3.2.4 Definition des InfoPackages, S. 92
[370] Vgl. Abbildung 20 – InfoCube des Prototyps für das Management Cockpit zur Unterstützung des Performance Measurements des Human Capital, S. 82.

der einzelnen PI nach der Struktur der Indikator-Hierarchie der HC-Performance ergibt, einheitliche Werte benötigt werden. Andererseits ist die Hauptaufgabe des MC-Prototyps die Darstellung der unternehmensweiten HC-Performance. Dazu muss eine unter den Unternehmensstandorten vergleichbare Datenbasis geschaffen werden, um z. B. Unterschiede in der durchschnittlichen Wochenarbeitszeit[371] zu kompensieren und so qualitative Aussagen über die HC-Performance des Gesamtunternehmens treffen zu können.

Die zielorientierte Umrechnung der quantitativen PI in qualitative Maßgrößen der Likert-Skala erfolgt in der Startroutine der Fortschreibungsregel. Die Startroutine ist ein ABAP-Coding, das beim Aufruf der Fortschreibungsregel ausgeführt wird und umfangreiche Datenmodifikationsmöglichkeiten über den gesamten fortzuschreibenden Datenbestand bietet.[372]

Die Ermittlung des qualitativen Kennzahl-InfoObjects erfolgt auf Basis des quantitativen Indikator-Werts im Verhältnis zur Mitarbeiteranzahl der zugrunde liegenden Organisationseinheit. Der folgende Quellcode-Auszug der Startroutine zeigt einen Teil der Bestimmung der qualitativen Ausprägung des „monetäre Anreize"-Indikators[373], in dem der quantitative Wert dieses PI durch die Anzahl Mitarbeiter dividiert und das Ergebnis einem qualitativen Wert zugeordnet wird:

---

[371] Hier wird angenommen, dass die durchschnittliche wöchentliche Arbeitszeit in Deutschland 38 Std., in Frankreich 35 Std. und in England 40 Std. pro Woche betragen.

[372] Der Umstand, dass über den gesamten Datenbestand Datenmodifikationen durchgeführt werden können, unterscheidet die Startroutine einer Fortschreibungsregel von den anderen Möglichkeiten der Datentransformation, da sonst nur auf Basis eines einzelnen Datensatzes Manipulationen durchgeführt werden können.

[373] Vgl. Kapitel 3.2.1.2.2 Indikatoren des Human Capital, S. 40.

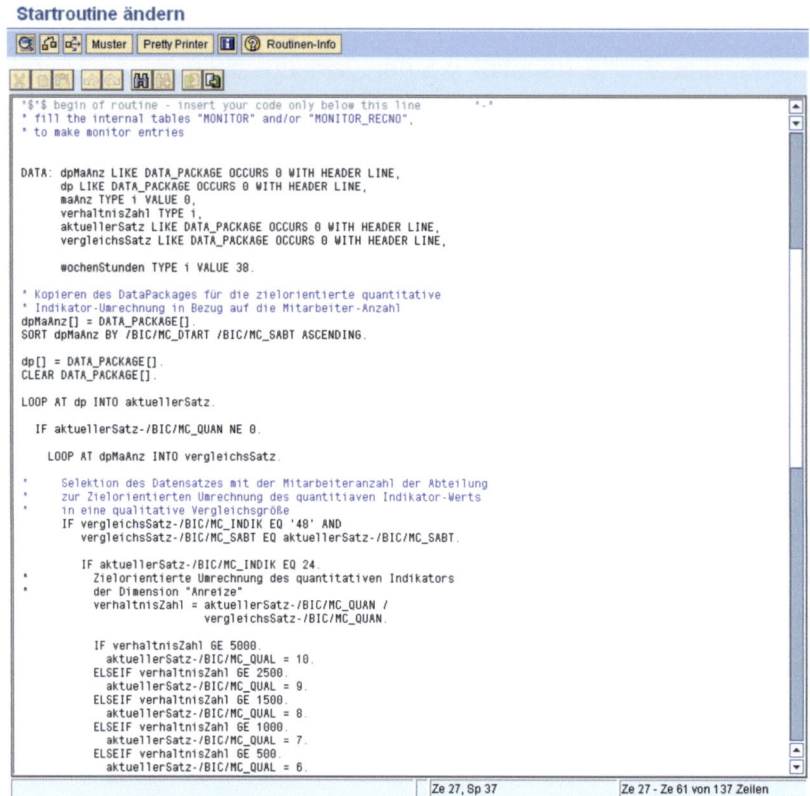

Abbildung 25 – Startroutine des InfoCubes auf Data Mart-Ebene[374]

Die Ermittlung der qualitativen Ausprägungen für die Indikatoren der HC-Performance-Dimension „Verfügbarkeit"[375] erfolgt mit Hilfe der folgenden Formel:

$$Qualitativer\ Indikatorwert = \frac{quantitativer\ Indikatorwert}{Mitarbeiteranzahl * Arbeitswochenstundenanzahl}$$

Formel 1 – Qualitative zielorientierte Umrechnung quantitativer Werte

Das Berechnungsresultat wird dann ebenfalls einer qualitativen Indikatorausprägung zugeordnet.[376] Die Verwendung der Formelvariable „Arbeitswochen-

---

[374] ScreenShot aus dem SAP BW 3.5.

[375] Dies sind die Indikatoren Teilzeit, Ausbildung, Krankheit & Unfälle sowie sonstige Abwesenheit, deren quantitative Werte alle in der Einheit Stunden gemeldet werden. Vgl. Kapitel 3.2.1.2.2 Indikatoren des Human Capital, S. 40.

[376] Dies geschieht sowohl für die Berechnung des Anreiz-Indikators als auch für die Indikatoren der Verfügbarkeitsdimension über eine Treppenfunktion, die durch eine entsprechende

stundenanzahl" bedingt die InfoCube-spezifische Definition der Startroutine, da hier die Initialisierung der Quellcode-Variablen „wochenStunden" in Abhängigkeit von der Zuordnung der Startroutine bzw. der Fortschreibungsregel zu dem zum Unternehmensstandort korrespondierenden InfoCube mit verschiedenen Werten erfolgt.[377]

4.3.2.4 Definition des InfoPackages

Die InfoPackage-Definition hängt an der gemeinsamen InfoSource und wird in Hinblick auf die Auswahl der Daten und das adressierte Datenziel in Abhängigkeit vom InfoCube festgelegt. Der Schlüssel des Standort-InfoObject bildet dabei die Basis der Datenselektion und bestimmt somit auch das fachlich korrespondierende Datenziel auf der Data Mart-Ebene. Die Fortschreibungsmethode ist mit der Verwendung des Delta-Verfahrens über alle InfoCubes einheitlich.

Das Delta Update-Verfahren wird angewendet, um das Datenvolumen im Gegensatz zum Full Update-Verfahren zu begrenzen. Beim Full Update werden alle Datensätze der Datenquellen ausgelesen und fortgeschrieben. Die im Datenziel vorgehaltenen Daten werden gelöscht und durch die neu angeforderten Datensätze überschrieben. Im Rahmen eines Delta Updates werden nur diejenigen Informationen geladen, „ … die seit der letzten Extraktion neu erstellt, geändert oder gelöscht wurden."[378] Dadurch wird das Datenvolumen, ähnlich einer inkrementellen BackUp-Strategie, reduziert und die Performance des Datenbeschaffungsprozesses optimiert.

Auch diese InfoPackages werden durch eine Prozesskette ausgeführt, die die Fortschreibung der Daten aus dem zentralen ODS-Objekt in die Datenziele nach dem erfolgreichen Durchlaufen des ETL-Prozesses automatisiert.

Codierung in der Startroutine fallbezogen abgebildet wird. Vgl. dazu auch den unteren Teil der Abbildung 25 – Startroutine des InfoCubes auf Data Mart-Ebene, S. 91.

[377] Zu den Initialwerten vgl. Fn. 371.

[378] Mehrwald (2003), S. 160.

4.3.3 Datenfortschreibung des MultiCubes

Der Vollständigkeit halber soll hier ebenfalls die Datenbefüllung des MultiCubes diskutiert werden.

Da es sich bei dem MultiCube nicht um ein physisches Datenelement, sondern eine logische Sicht über die InfoCubes der Data Mart-Ebene handelt, sind keine Daten fortzuschreiben. Aufgabe des MultiCubes ist, am Ende des Datenflusses eine vereinheitlichte Sicht über alle für den MC-Prototyp reportingrelevante Daten zu geben. Dazu stellt der MultiCube die anderen InfoCubes in einem gemeinsamen Kontext für Auswertungen zur Verfügung und liest anhand der Reportinganfragen aus den entsprechenden InfoCubes der Data Mart-Ebene die Daten aus.[379]

Das folgende Schaubild zeigt die Modellierung des Datenflusses für den MC-Prototyp im SAP BW 3.5:

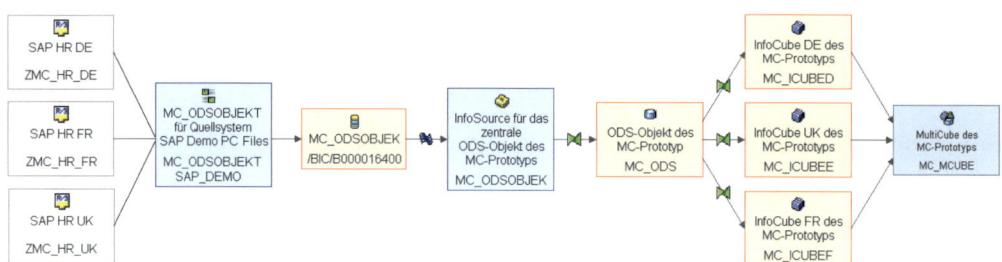

Abbildung 26 – Datenfluss des Unternehmensszenarios im SAP BW 3.5[380]

4.4 Datenanalyse

Für die Datenanalysen zur Auswertung der HC-Performance innerhalb des MC müssen OLAP-Abfragen[381] auf den InfoCubes auf Data Mart-Ebene und dem MultiCube definiert werden. Diese OLAP-Abfragen repräsentieren die verschiedenen Fragestellungen des Managers und werden in Form von Queries mit Hilfe des Query Designers im SAP BW 3.5 angelegt. Somit definieren sie die Informationsgrundlage für die Darstellung der HC-Performance im Rahmen des MC.

---

[379] Vgl. Mehrwald (2003), S. 105ff.
[380] ScreenShot aus dem SAP BW 3.5.
[381] Vgl. Kapitel 3.3.4 Datenanalyse, S. 58.

Im Folgenden wird dazu zuerst beispielhaft der Aufbau einer Query auf Basis des MultiCubes und anschließend auf einem der InfoCubes erläutert. Zuvor ist jedoch die Abbildung der Indikator-Hierarchie im SAP BW 3.5 zu diskutieren, da sie allen Auswertungen der HC-Performance zugrunde liegt und somit „ ... einen Großteil der analytischen Möglichkeiten eines Modells aus[macht].“[382]

4.4.1 Anlegen der Indikator-Hierarchie des Human Capital

Die Struktur der Indikator-Hierarchie des Human Capital ist auf Basis des SAP BW 3.5-Models nicht bzw. nur mit großen Aufwand umsetzbar, weshalb deren Abbildung hier auf Basis einer Merkmalshierarchie erfolgt.

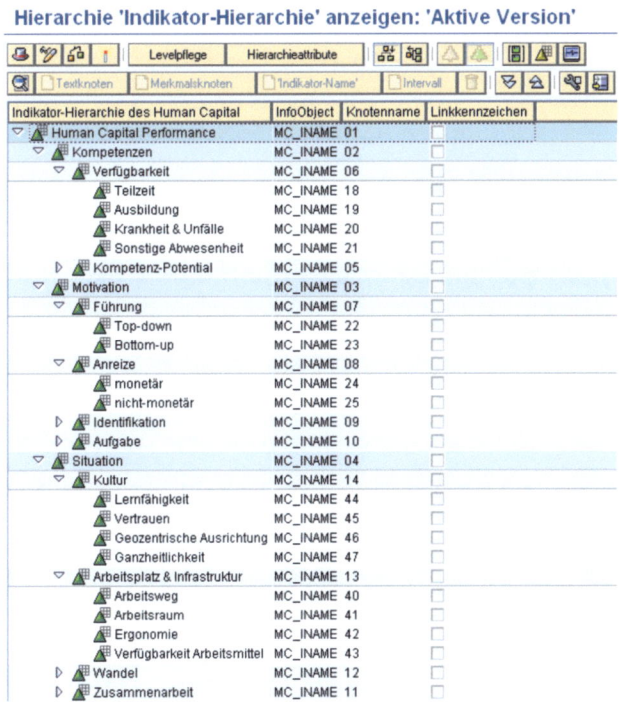

Abbildung 27 – Indikator-Hierarchie des Human Capital im SAP BW 3.5[383]

Die Hierarchie soll dazu in der Indikator-Dimension auf dem Merkmal-InfoObject „Indikator" definiert werden. Dazu werden die Stammdaten des Indikator-InfoObject entsprechend den Anforderungen der Indikator-Hierarchie des

---

[382] Hahne (2005), S. 111.
[383] ScreenShot aus dem SAP BW 3.5.

Human Capital[384] in einer unausgeglichenen Baumstruktur angeordnet. Der zuvor abgebildete ScreenShot zeigt einen Ausschnitt der Hierarchie-Struktur im SAP BW 3.5.

Auf Basis dieser Hierarchie-Struktur werden gleichzeitig die Konsolidierungspfade festgelegt, auf denen die Aggregation der Indikator-Werte für die Berechnung der HC-Performance erfolgt.[385]

Dies soll am Beispiel der PI der Indikator-Dimension „Verfügbarkeit" erläutert werden, deren Durchschnittswert auf dem Verfügbarkeit-Indikator ausgewiesen werden soll. Dazu müssen die vier Blätter des Indikator-Knotens „Verfügbarkeit" zuerst aufsummiert werden. Diese Berechnungsvorschrift ist über das Standardaggregationsverhalten des SAP BW 3.5 abbildbar. Anschließend muss der summentragende Knoten-Wert durch die Anzahl der Blätter dividiert werden, um die durchschnittliche Verfügbarkeit-Performance ermitteln zu können. Eine solche Funktionalität wird jedoch vom SAP BW 3.5 nicht angeboten. Demzufolge muss die dynamische Berechnung eines übergeordneten Hierarchieknotens in Abhängigkeit von seiner Blätteranzahl und die Umsetzung der Hilb'schen Gleichung durch eine Eigenentwicklung gelöst werden.[386]

4.4.2 Auswertungen auf Basis der InfoCubes auf Data Mart-Ebene

Die wichtigste Query auf Basis der in dem InfoCubes vorgehaltenen Datenbasis ist die Auswertung der HC-Performance. Dazu muss auf jedem InfoCube einzeln eine Query definiert werden.[387]

Die Abbildung 28 zeigt die Query-Definition auf Basis des InfoCubes auf Data Mart-Ebene für den Standort Deutschland anhand der Query Desingers:

---

[384] Vgl. Abbildung 7 – Indikator-Hierarchie des Human Capital, S. 41.
[385] Es sei jedoch schon hier darauf hingewiesen, dass für die Ermittlung der HC-Performance über den gesamten Indikator-Baum die vom SAP BW 3.5 standardmäßig zur Verfügung gestellten Funktionalitäten nicht ausreichen.
[386] Vgl. Kapitel 4.5.2.4.5 Implementierung des Tabellen-Interface für die Berechnung der HC-Performance, S. 117.
[387] Die Query-Definition weist jedoch stets dieselbe Struktur auf.

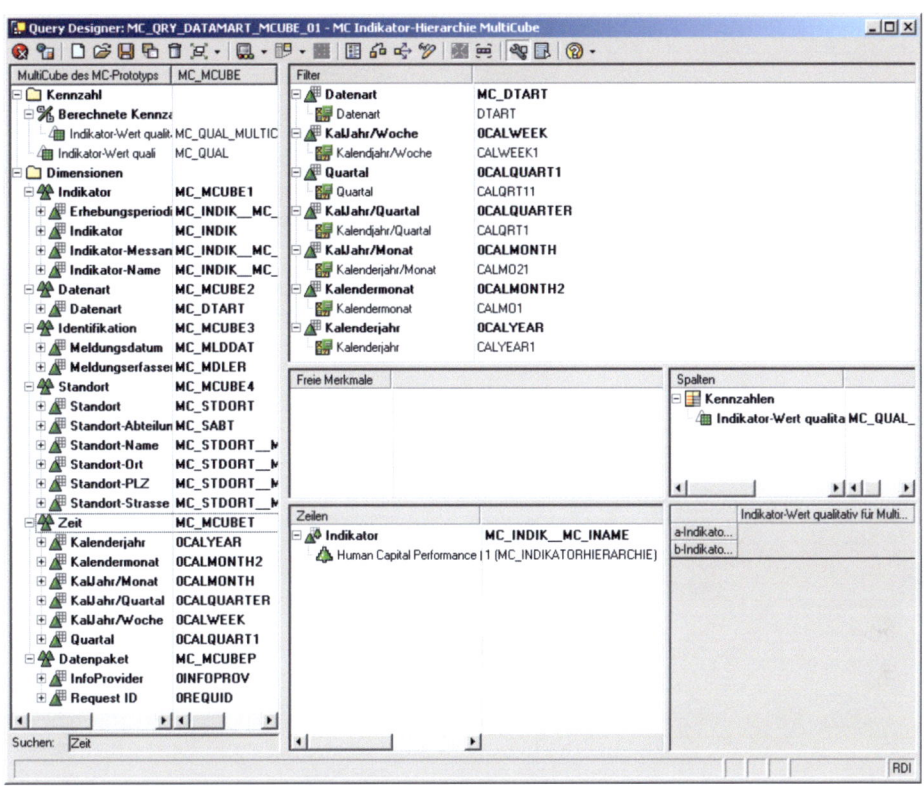

Abbildung 28 – Query-Definition zur Auswertung der Human Capital Performance auf Data Mart-Ebene[388]

Im linken Bereich der Anwendung sind die für die Query-Definition auswählbaren InfoObjects der verschiedenen Dimensionen des InfoCubes aufgeführt. Der rechte Teil zeigt die in der Query verwendeten Merkmale und Kennzahlen an, die den Bereichen Filter, Spalten und Zeilen zugewiesen sind.

Mit Hilfe der Filter-Werte, den Merkmalen der Dimensionen Zeit- und Datenart, kann über die Ihnen zugeordneten Variablen der zu selektierende Datenbereich bei der Query-Ausführung eingeschränkt werden. So wird den Query-Variablen für die Auswertung der aktuellen HC-Performance des jeweiligen Standorts beispielsweise die Einschränkung auf die aktuelle Kalenderwoche über die Variable „Kalenderjahr/Woche" und die Datenart auf Ist-Werte eingeschränkt.

Die InfoObjects in den Bereichen „Zeilen" und „Spalten" definieren die Struktur der Query. Dazu wird auch die zuvor beschriebene Merkmalshierarchie des Indikator-InfoObject verwendet.

---

[388] ScreenShot des BEx Query Designers.

Der Folgende ScreenShot zeigt das Ergebnis[389] der Datenanalyse:

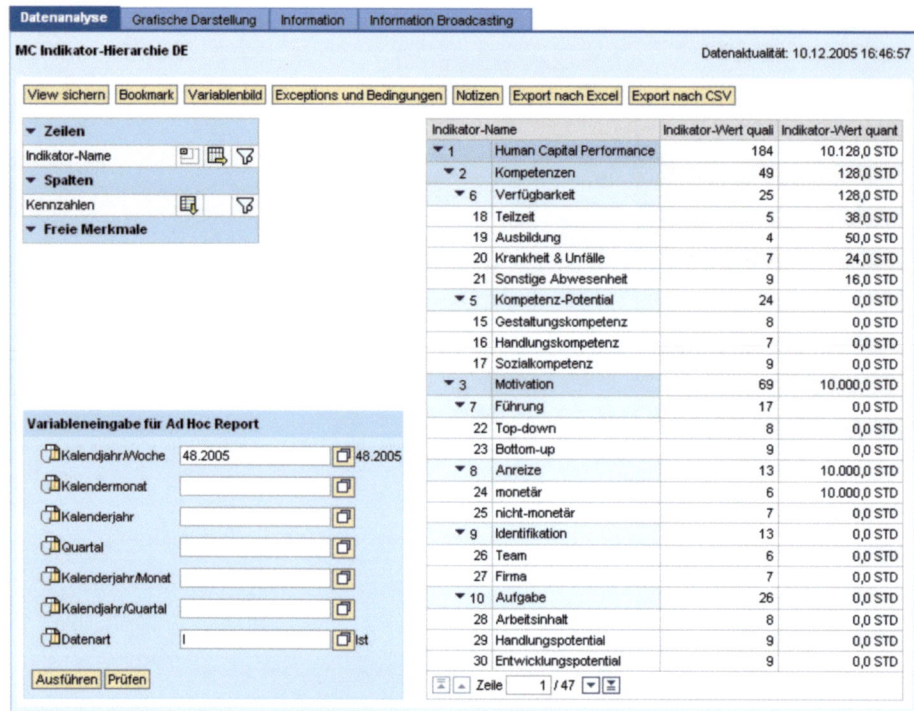

Abbildung 29 – Query-Ergebnis auf dem InfoCube des Standorts Deutschland zur Auswertung der Human Capital Performance[390]

4.4.3 Auswertungen auf Basis des MultiCubes

Die Auswertung der HC-Performance aus dem Blickwinkel des Gesamtunternehmens kann nur über eine Abfrage auf Basis des MultiCubes erfolgen. Dazu wird eine Query auf dem MultiProvider definiert, die hinsichtlich der Definitionen innerhalb des Filter- und Spalten-Bereichs konform mit der Definition der im vorangegangenen Abschnitt diskutierten Query geht.

Im Bereich der Spalten-Definition gibt es jedoch zwei Abweichungen. Einerseits wurde das quantitative Kennzahl-InfoObject bei der Definition des MultiCubes nicht mit aufgenommen, da es keine unternehmensweit vergleichbaren Daten

---

[389] Es sei auch hier ausdrücklich erwähnt, dass das Query-Ergebnis für die Ermittlung der HC-Performance in der Likert-Skala aufgrund des unstimmigen Aggregationsverhaltens nicht repräsentativ für die Analysen im Rahmen des MC ist. Vgl. dazu auch Fn. 385 und die Ausführungen in Kapitel 4.4.1 Anlegen der Indikator-Hierarchie des Human Capital, S. 94.

[390] ScreenShot der BEx Adhoc Analyse. Der Eingabebildschirm für die Variableneingabe (am linken unteren Bildrand) wurde zum besseren Verständnis mit Hilfe eines Bildbearbeitungsprogramms eingefügt.

liefert, und kann deshalb nicht mehr in der Query ausgelesen werden. Andererseits werden nun Daten aus allen drei InfoCubes auf Data Mart-Ebene ausgelesen und innerhalb der Query aggregiert. Dies würde zu verzerrten Analyse-Ergebnissen führen, da nun für alle PI des HC drei Datensätze vorhanden sind und aufsummiert werden. Aus diesem Grund muss jeder PI-Wert durch eine Division durch den Wert drei korrigiert werden. Dies erfolgt mit Hilfe einer berechneten Kennzahl, die virtuell auf Basis des Werts des qualitativen Kennzahl-InfoObject den richtigen Wert errechnet und darstellt.

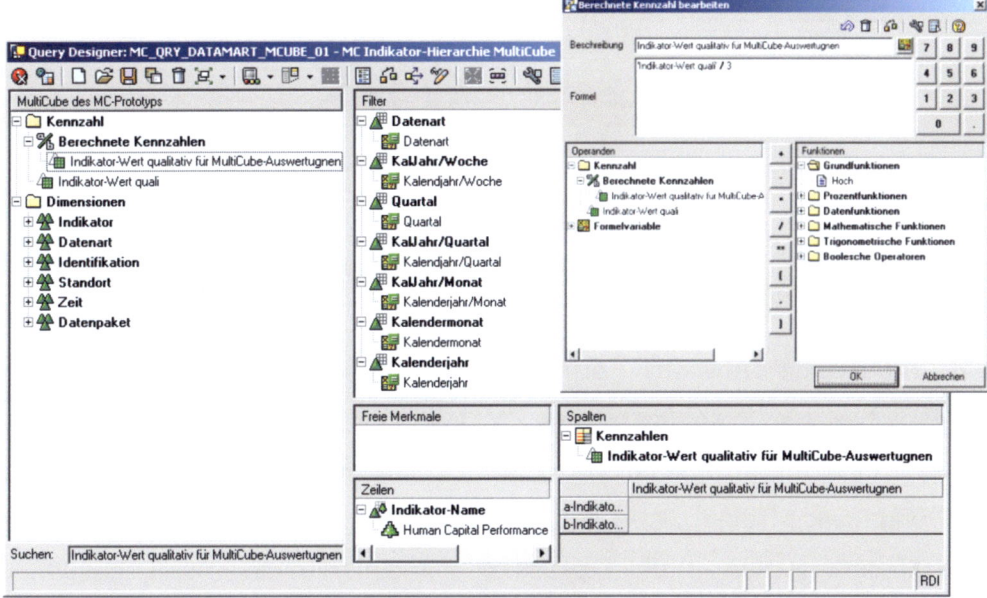

Abbildung 30 – Query-Definition zur Auswertung der Human Capital Performance über den MultiCube[391]

Die vorangegangene Abbildung zeigt zum einen die Query-Definition auf Basis des MultiCubes und anderseits die Formelvorschrift der berechneten virtuellen Kennzahl.

4.4.4 Weitere Auswertungen auf der Datenbasis

Als weitere Auswertungsmöglichkeiten sind z. B. Plan/Ist-Vergleiche oder der Ausweis der HC-Performance im Zeitverlauf denkbar. Für den Plan/Ist-Vergleich müssen dazu in der einen Spalte das Kennzahl-InfoObject

---

[391] ScreenShot des BEx Query Designers.

auf die Datenart „Ist", in der anderen Spalte auf die Datenart „Plan" einge-schränkt und zusätzlich eine berechnete Kennzahl definiert werden, die z. B. die prozentuale Abweichung der beiden Werte angibt. Dieses Ergebnis kann mit der folgenden Query-Definition erzielt werden:

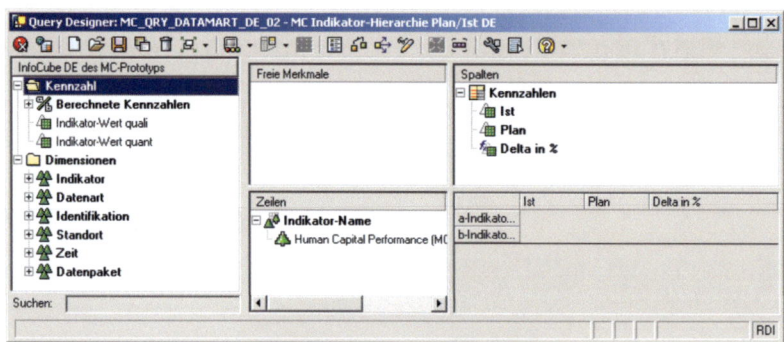

Abbildung 31 – Query-Definition zur Plan-Ist-Auswertung der Hu-man Capital Performance[392]

4.5 Datenkommunikation

Der vorliegende Abschnitt diskutiert den abschließenden Aufbau des MC-Prototyps zur Unterstützung des PM des HC in seiner Funktion als analyti-sches Informationsinstrument zur visuellen Präsentation der HC-Performance-Daten. Dabei fließen insbesondere gestalterische und techni-sche Gesichtspunkte in die Diskussion mit ein, die die vorangegangenen Überlegungen zusammenführen und konkretisieren.

4.5.1 Gestalterische Realisierung

Im Kern der dargelegten Ausführungen zu den in einem MC darzustellenden Informationen stand die Erkenntnis, dass Manager einer stetig größer werden-den Flut von Informationen entgegensehen und sich aufgrund der Vielzahl von vermeintlich zu berücksichtigenden Informationen die Entscheidungskomplexi-tät erhöht. Diesem Umstand soll durch ein MC entgegengewirkt werden, indem lediglich die Informationen kommuniziert werden, die für die spezifische Ent-scheidung bzw. für den Manager von entscheidender Bedeutung sind und die

---

[392] ScreenShot des BEx Query Designers.

Kommunikation so erfolgt, dass sie für den Manager sofort eingängig und leicht verständlich ist.

Aus diesem selbst gestellten Anspruch eines MC resultiert die Forderung, ein anwender-/anwendungszentriertes Design mit Orientierung auf den Manager bzw. dessen Aufgabenbereich zu gestalten.

4.5.1.1 Anwenderzentriertes Design

Der Anwendungsbereich des hier zu realisierenden MC-Prototyps ist innerhalb des beschriebenen Unternehmensszenarios mit dem PM der HC-Performance vorgegeben und wurde mit den zu kommunizierenden Daten im vorherigen Abschnitt bereits herausgearbeitet. Im Hinblick auf die Anwenderzentrierung soll in Bezug auf den Allgemeingültigkeitsanspruch dieser Arbeit ein universeller Ansatz gewählt werden, der nicht auf Basis einer Einzelstudie eines individuellen Anwenders basiert, sondern auf die Zielgruppe „Management" i. A. ausgerichtet ist.

4.5.1.2 Zielgruppen-Definition

Die Zielgruppe der Manager wird insbesondere durch die persönlichen und situativen Faktoren der Akzeptanz und Nutzung von Informationen bei der Entscheidungsfindung zur Lösung einer Aufgabenstellung charakterisiert.[393] Im Rahmen der Erkenntnisse der Akzeptanz- und Implementierungsforschung wurden dazu verhaltens-, aufgaben- und situationsorientierte Aspekte im Informationsverarbeitungs- und Entscheidungsfindungsprozess diskutiert, die nun auf den Anwendertyp „Manager" transferiert werden sollen.[394]

Für die Zielgruppe „Management" sind vor allem übergreifende betriebswirtschaftliche Aussagen mit ihren Konsequenzen und Zusammenhängen von Bedeutung. Aufgrund ihrer Funktion, die durch die von ihnen bekleidete Position innerhalb des Unternehmens vorgegeben ist, bestimmen sie die Strategie und Ziele einer Unternehmung. Daher müssen sie im Rahmen ihres Aufgabenbereiches eine Vielzahl unterschiedlicher quantitativer und qualitativer Informationen

---

[393] Vgl. Meyer (1996), S. 199.
[394] Vgl. Kapitel 3.3.5.2.2 Erkenntnisse der Akzeptanz- und Implementierungsforschung, S. 65ff.

berücksichtigen und darauf aufbauend die Entscheidungen für die Ausrichtung des Unternehmens treffen.

Mit der Nutzung der modernen IT steht dazu eine breite Basis von Informationen zur Verfügung. Folglich besteht die Aufgabe des Managers zum einen darin, die für die Führung des Unternehmens relevanten Informationen zu identifizieren und sie zum anderen für die Problemlösung bzw. Entscheidungsfindung richtig einzusetzen. Dieser Prozess spiegelt das Arbeitsverhalten des Entscheidungsträgers wider, welcher aufgrund der Problemstellungen im Manageralltag verallgemeinert als analytisch-systematisch angenommen werden kann. Der Arbeitstag eines Managers ist zudem dadurch geprägt, dass viele Arbeitssituationen auftreten, in denen schnelle bzw. viele Entscheidungen in relativ kurzer Zeit getroffen werden müssen.

4.5.1.3 Zielgruppenorientierte Visualisierung der Informationen

„Das übergeordnete Ziel der Verwendung von Visualisierungen zur Entscheidungsunterstützung im Management besteht in der Verbesserung der Entscheidungsqualität.“[395] Dazu soll die Menge der wahrgenommenen, akzeptierten und verarbeiteten Informationseinheiten zur Reduktion der Entscheidungskomplexität und die Vermittlung von Beziehungen zwischen den Informationseinheiten durch sinnvolle Aggregation und grafische Hervorhebung optimiert werden.[396]

Im Rahmen des MC-Prototyps soll dies primär durch eine adäquate Visualisierung der Indikator-Hierarchie der HC-Performance erfolgen, die nach den Gestaltgesetzen von K. Hagge erstellt wird.[397] Die folgende Abbildung vergegenwärtigt noch einmal die Struktur der abzubildenden Informationen:

---

[395] Reiterer et al. (2000), S. 72.
[396] Vgl. Meyer (1999), S. 92ff. i. V. m. Reiterer et al. (2000), S. 72.
[397] Dabei sind ebenfalls technische Aspekte der Umsetzung der Visualisierung zu beachten. Vgl. Kapitel 4.5.2.4.6 Implementierung der Darstellung der Indikator-Hierarchie, S. 119.

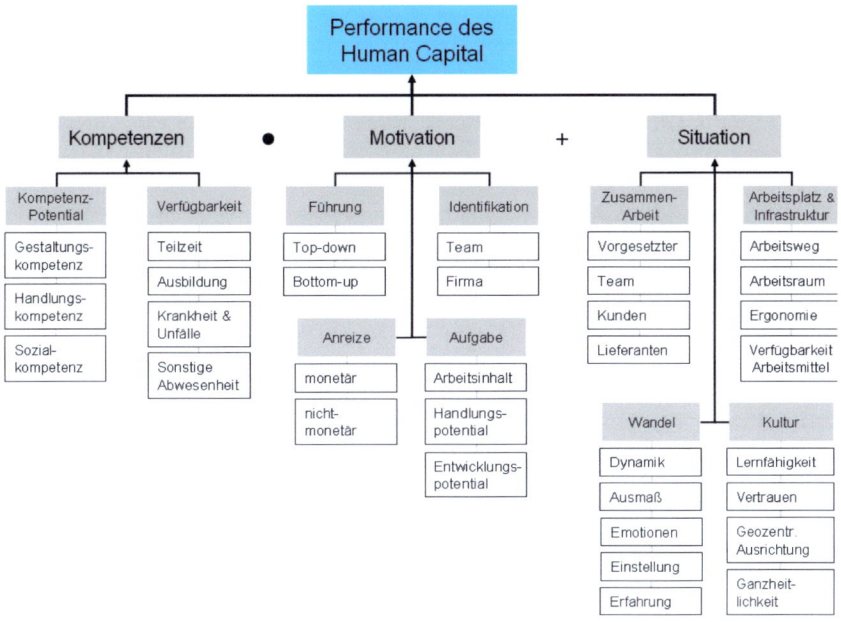

Abbildung 32 – Struktur der Indikator-Hierarchie des Human Capital[398]

Dabei soll die Umsetzung der zielgruppengerechten Visualisierung der Informationen anhand der Gestaltungsdimension grafischer Darstellungsformen diskutiert werden, die kurz vorgestellt werden sollen.

4.5.1.3.1 Dimensionen visueller Darstellungsformen

Die grafische Visualisierung von Informationen kann in drei Dimensionen differenziert werden: Die Form-, Farb- und Bewegungsdimension.[399]

In der Formdimension wird die Darstellung hinsichtlich ihrer räumlichen Ausdehnung charakterisiert. Mögliche Ausprägungen sind bspw. ein-, zwei- oder drei-dimensionale Abbildungen. Für die Visualisierung der Indikator-Hierarchie ist eine zwei-dimensionale Darstellungsform ausreichend.[400]

---

[398] Eigene Darstellung. Vgl. Fn. 175.

[399] Vgl. Meyer (1996), S. 18f und 175. J.-A. Meyer nennt zudem eine vierte Dimension visueller Darstellungsformen: Die gestalterische Bindung. Sie definiert die Struktur der Grafik, die entweder pixel- oder vektorbasiert ist. Da dies für die Wahrnehmung einer Grafik keine Rolle spielt und zudem eher einen technischen Realisierungsaspekt betrifft, soll dieser Punkt hier nicht weiter ausgeführt werden.

[400] Dies gilt für eine Zeitpunktbetrachtung der HC-Performance, die hier für die Verwendung der Indikator-Hierarchie zu Darstellung der (aktuellen) HC-Performance vorausgesetzt wird. Ansonsten müsste die Grafik beispielsweise um die Zeit-Dimension erweitert und drei-dimensional dargestellt werden, was wiederum bei der Informationsaufnahme zu einer beträchtlichen Komplexitätssteigerung führen würde und daher vermieden werden soll.

Die Dimension der Farbgestaltung ist durch die Anzahl der für die Visualisierung verwendeten Farben determiniert. So können grafische Darstellungen z. B. monochromatisch (schwarz/weiß) oder in Farbe[401] dargestellt werden. Da die im Rahmen des PM evaluierten PI der HC-Performance konsolidiert für Auswertungen in einer zehnstufigen Likert-Skala vorliegen und diese entsprechend ihrer Wertausprägung farblich dargestellt werden sollen, wird für die Visualisierung des Indikatorbaums eine farbige Darstellung verwendet.

Des Weiteren liegen Unterschiede der Visualisierung in der Bewegung innerhalb einer Grafik, die sich entweder statisch oder animiert präsentieren kann. Für die Abbildung der Indikator-Hierarchie des HC soll eine bewegte Darstellung gewählt werden, da eine passende Animation das Verständnis für den Aufbau und die inhaltliche Struktur sowie der Zusammensetzung der Indikator-Hierarchie erleichtert.[402]

4.5.1.3.2 Anwendung der Gestaltgesetze

Die Gestaltgesetze basieren auf zwei Grundannahmen, die sich auf die visuell wahrgenommenen Objekte und Informationen beziehen.

Das Gesetz der guten Gestalt nach K. Koffka bildet dabei die erste Säule der Gestaltgesetze. Es besagt, dass Objekte bzw. Objektkombinationen besser wahrgenommen werden, wenn sie eine einfache und regelmäßige bzw. bekannte Struktur besitzen und mit wenigen Mustern prägnant[403] beschrieben werden können.[404] Hier zeigen sich Bezüge zu der Schemata-Theorie, deren Beachtung durch die Gestaltgesetze den Informationsverarbeitungsprozess vereinfachen,[405] und den Erkenntnissen der kognitiven Linguistik[406].

---

[401] Die heute übliche Farbtiefe von 16-bit in der IT wird dabei mit der Darstellung natürlicher Farben und Farbverläufe gleichgesetzt.

[402] N. Faltin diskutiert in seiner Dissertation zum strukturierten Verstehen von Algorithmen das Hilfsmittel interaktiver Visualisierungen. Dabei geht er insbesondere auf Algorithmen zur Abbildung von Baumstrukturen ein, die mit dem Indikator-Baum der HC-Performance vergleichbar sind. In diesem Rahmen stellt er positive Effekte auf die Informationskomplexität heraus, die auf der Gestaltung der animierten Visualisierung beruhen und ebenfalls auf die hier vorliegende Problemstellung übertragen werden können. Vgl. Faltin (2002), S. 53.

[403] Das Gesetz der guten Gestalt wird auch als Prägnanzgesetz bezeichnet.

[404] Vgl. Rohr (1988), S. 32 und Koffka (1935) i. V. m. Meyer (1996), S. 80f.

[405] Vgl. Kapitel 3.3.5.2.2.1 Verhaltensorientierte Aspekte, S. 66.

Der zweite Ausgangspunkt der Gestaltgesetze ist das Minimalprinzip nach M. Wertheimer,[407] welches die Reduzierung der darzustellenden Informationen auf die tatsächliche Aufgabenstellung fordert.[408] Dieses wurde bereits durch die Datenanalyse und das PM berücksichtigt.

Diese beiden Grundprinzipien werden im Rahmen der Gestaltgesetze in bis zu über 100 weitere Grundregeln herunter gebrochen. Hier sollen lediglich die für die visualisierte Darstellung des MC-Prototyps relevanten Gestaltgesetze anhand der Darstellungsdimensionen von Informationsvisualisierungen diskutiert werden. Dazu wird sich insbesondere auf die wesentlichen von K. Hagge eruierten Regeln zur Gestaltung von visuellen Informationen bezogen, die als eine Erweiterung bzw. Ergänzung der klassischen Grundannahmen der Gestaltgesetze aufgefasst werden können.[409]

Wie bereits angedeutet, soll die Darstellung der PI zur Abbildung der HC-Performance durch eine zu dem Indikator-Wert korrespondierende farbliche Darstellung erfolgen. Die folgende Abbildung erläutert den Zusammenhang zwischen der qualitativen Indikatorausprägung auf der zehnstufigen Likert-Skala und der Farbzuordnung nach dem Grundprinzip einer diversifizierten Ampelfunktion:

Abbildung 33 – Farbschema für die Abbildung der Indikator-Hierarchie des Human Capital[410]

Nach dem dargestellten Farbschema sollen die einzelnen darzustellenden Hierarchieknoten des Indikatorbaums ausgefüllt werden und so die Ausprägung des zugrunde liegenden PI in visualisierter Darstellung repräsentieren. Dieses Informationsdesign entspricht der von K. Hagge geforderten Vorgehensweise

---

[406] Im Rahmen des Paradigmas der kognitiven Linguistik wurde festgestellt, dass Menschen stets versuchen, Gestaltkonstruktion im Wahrnehmungsprozess zu konstruieren, da nur ganzheitliche Gestalten wahrgenommen werden.
[407] Vgl. Wertheimer (1922), S. 47ff.
[408] Vgl. Meyer (1999), S. 132 und S. 177.
[409] Vgl. Meyer (1996), S. 82f.
[410] Eigene Darstellung.

zur Informationsreduktion durch Bildung visueller Schemata i. V. m. der Einhaltung von Regel- und Gesetzmäßigkeiten.[411]

Durch die konsistente Umsetzung der Farbmetaphorik in der Farbdimension der Visualisierungen innerhalb des MC kann somit einerseits der Informationsverarbeitungsprozess im Rahmen der Informationsaufnahme verbessert werden, da farblich hervorgehobene Objekte für das menschliche Auge leichter zu identifizieren sind und zudem die Unterscheidung verschiedener Werte besser als bei Zahlen oder Text gelingt. Andererseits wird die allgemeine Assoziation der roten Farbtöne mit schlechten und der grünen mit positiven Eigenschaften ausgenutzt und dadurch die Aufmerksamkeit bei der Informationsverarbeitung fallweise in bestimmten Bereichen der Indikator-Hierarchie erhöht. Dies nimmt auch positiven Einfluss auf die Schemata-Bildung bei der Informationsspeicherung.[412]

Die Abbildung 34 zeigt die zu Auswertungszwecken visualisiert aufbereitete Indikator-Hierarchie zur Abbildung der Performance des HC im MC-Prototyp auf der Datenbasis des Unternehmensstandorts Deutschland.

---

[411] Vgl. Hagge (1994), S. 166ff.
[412] Vgl. Kapitel 3.3.5.2.2.1 Verhaltensorientierte Aspekte, S. 66.

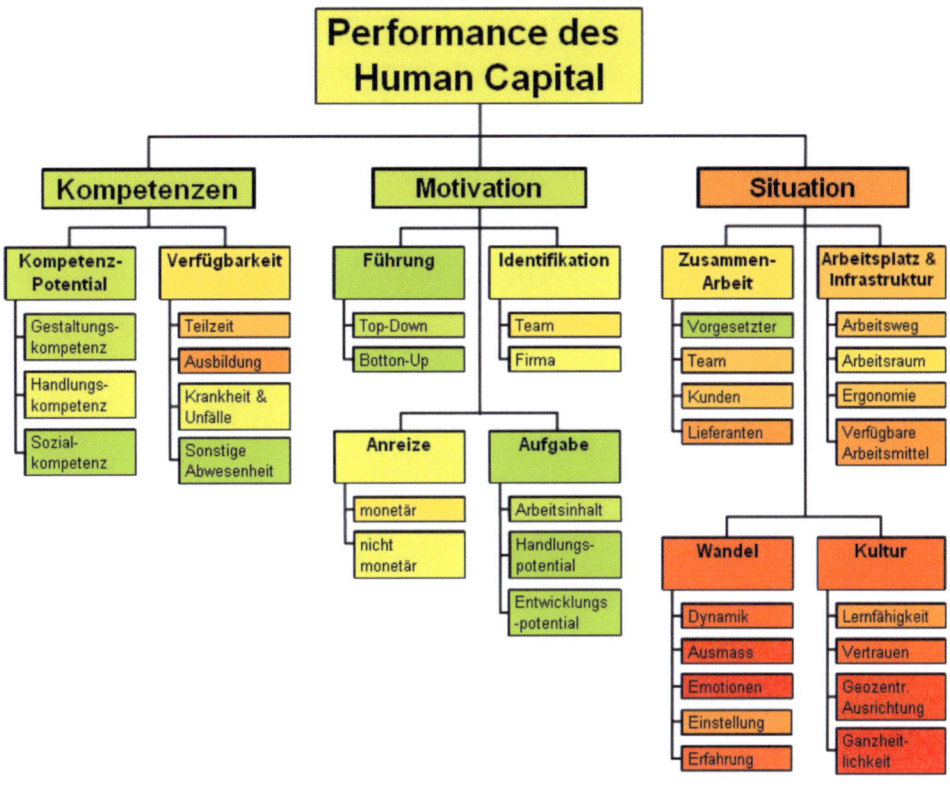

Abbildung 34 – Visualisierung der Indikator-Hierarchie des Human Capital[413]

Bei der Gestaltung des Indikatorbaums fand auch implizit das Gesetz der Gestaltung von Formgruppierungen Beachtung, welches durch die Einhaltung der Gestaltgesetze Gleichartigkeit, Nähe, Geschlossenheit und Symmetrie herausgearbeitet wurde. Sie besagen, dass Elemente, die durch Flächen einschließende Konturen begrenzt werden und einen vergleichbaren Formtypus besitzen, eher in Gruppen wahrgenommen werden als unterschiedlich ausgestaltete Objekte.[414] Für die Indikator-Hierarchie wurde die Grundform des Rechtecks gewählt, da nur so in Verbindung mit den ebenfalls zwingend darzustellenden Texten eine einheitliche Optik gewährleistet und von den genannten Vorteilen der Umsetzung der Gestaltgesetze profitiert werden konnte. Des Weiteren wird die Wahrnehmung der Gruppierung der einzelnen Elemente zu den jeweiligen Performance-Dimensionen des Auswertungsge-

---

[413] Eigene Darstellung.
[414] Vgl. Meyer (1996), S. 81.

genstands durch die Darstellung der Verbindungslinien und die sich nach oben hin verjüngende Struktur der Anzahl an Elementen unterstrichen.

Auch die Dimension „Bewegung" bei der Darstellung visueller Informationen unterstützt die Wahrnehmung der Struktur. Dazu wird der Aufbau der Indikator-Hierarchie anhand der drei Dimensionen der HC-Performance von unten nach oben schrittweise aufgebaut. Das folgende Schaubild zeigt die Animation der Indikator-Hierarchie in zehn Schritten:

Abbildung 35 – Animation der Indikator-Hierarchie des Human Capital[415]

Mit dem skizzierten Aufbau des Indikatorbaums durch die hierarchisierte Bottom-Up-Einblendungsabfolge der einzelnen Hierarchieknoten wird so bereits bei der Anzeige der Informationen die Struktur der HC-Performance offensichtlich und vermeidet somit weiteren Klärungsbedarf.

4.5.1.4 Zielgruppenorientierter Aufbau und Navigation

Mit der Navigation bzw. Benutzerführung innerhalb des MC-Prototyps soll dem Anwender die Möglichkeit gegeben werden, flexibel die Informationen für die sich ihm stellende Aufgabe abfragen zu können. Dazu muss das MC eine

---

[415] Eigene Darstellung.

adäquate Struktur aufweisen, um die Benutzerführung möglichst intuitiv zu gestalten.

Zuerst soll daher der Aufbau des MC beschrieben und die Gründe für die gewählte Struktur erläutert werden. Anschließend wird die Navigation anhand eines Fallbeispiels der typischen Benutzung des MC-Prototyps detailliert und im Zusammenhang die Vorteile des gewählten Aufbaus erläutert.

4.5.1.4.1 Grundstruktur des Management Cockpits

Die Einteilung des MC-Prototyps basiert auf der weiter unten abgebildeten Grundstruktur, die als zentrales Element den Bereich der „Primär Informationen" in der Bildschirmmitte ausweist. Diese Einteilung wurde aufgrund der Physiognomie des menschlichen Auges gewählt, da es zentrale Ausschnitte des Gesichtsfeldes besser wahrnimmt als Peripheriebereiche.[416]

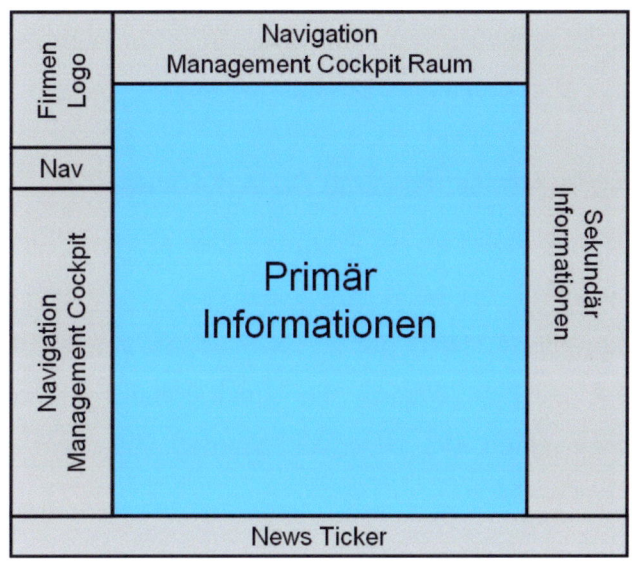

Abbildung 36 – Struktur des MC-Prototyps[417]

Das MC gliedert sich folglich in sieben Bereiche, von denen die Teilbereiche „Firmen Logo", „Navigation Management Cockpit-Raum", „News Ticker" und „Nav" über die gesamte Navigation innerhalb der Anwendung gleich bleiben.

---

[416] Vgl. Meyer (1996), S. 79 i. V. m. Hubel (1986), S. 41 und Frisby (1983), S. 45.
[417] Eigene Darstellung.

Im Segment „Firmen Logo" wird das fiktive Unternehmenszeichen angezeigt. Es dient der Abbildung des Corporate Designs des fiktiven IT-Dienstleisters. Im Bereich „Nav" lassen sich sämtliche durchgeführte Navigationsschritte zurücknehmen oder wiederholen sowie zum Ausgangspunkt der Anwendung zurückspringen. Die „Navigation Management Cockpit-Raum" erlaubt das Navigieren zwischen den einzelnen Sichten des MCR.[418]

Die vier dynamischen Bereiche des MC-Prototypen werden in Abhängigkeit von dem im Bereich „Primär Informationen" dargestellten Sachverhalt angepasst. Die zentralen „Primär Informationen" stellen in dem hier beschriebenen Unternehmensszenario die Ausprägungen der HC-Performance-Indikatoren dar, über die mit Hilfe der „Navigation Management Cockpit" verschiedene Sichten angewählt und erzeugt werden können. Im rechten Bereich „Sekundär Informationen" werden zudem weiterführende Informationen zur Verfügung gestellt. Der „News Ticker" am unteren Bildschirmrand nimmt dabei eine Sonderrolle ein, da er zwar dynamisch aktuelle Informationen in Form eines Lauftextes anzeigt, aber von seiner Struktur her statisch bleibt.

4.5.1.4.2 Einstieg in den Management Cockpit-Raum

Aufgrund der Anforderungen an die Produktentwicklung des MC-Prototyps wird der Benutzer bei Aufruf des MCR zuerst auf eine allgemeine Übersichtsseite geleitet,[419] die ihm eine Auswahl der im MCR abgebildeten Unternehmensperspektiven anzeigt. Da hier lediglich die Unternehmensperspektive „Mitarbeiter"[420] in einem einzelnen MC abgebildet werden soll, führt auch nur diese Auswahlmöglichkeit weiter.

---

[418] Dabei ist allerdings nur die Unternehmensperspektive „Mitarbeiter" in Repräsentation des HC anwählbar.

[419] Vgl. Kapitel 3.1.2 Anforderungen für den Prototyp des Management Cockpits zur Unterstützung des Performance Measurement, S. 36.

[420] Die Unternehmensperspektive mit dem Namen Mitarbeiter steht hier stellvertretend für den MC-Prototyp zur Unterstützung des PM des HC in Anlehnung an die Namenskonventionen für die vier Unternehmensperspektiven des BSC-Konzepts.

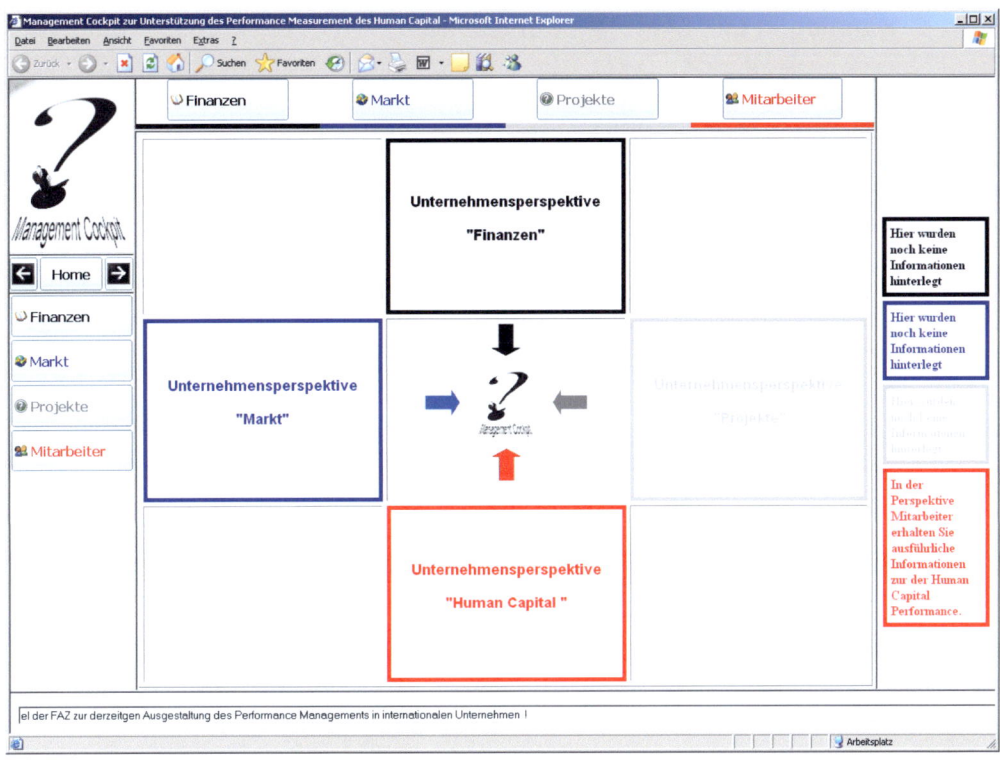

Abbildung 37 – Einstiegsseite des Management Cockpit-Raums[421]

Die Navigation zum MC der Unternehmensperspektive „Mitarbeiter" ist dabei sowohl über die Buttons in der oberen und linken Navigationsleiste als auch über die im Zentrum des Bildschirms abgebildete Beschriftung sowie den Erläuterungstext zu der Funktion der Unternehmenssicht am linken Bildrand möglich. Damit ist sichergestellt, dass der Anwender bei jeder erdenklichen Assoziation mit dem MC zur Unterstützung des PM des HC die richtige Perspektive des MCR auswählt. Die Assoziativität wird zudem durch die konsistente Farbwahl verstärkt, die sich im gesamten Navigationsverlauf stets durch eine rote Hervorhebung der Unternehmensperspektive „Mitarbeiter" manifestiert. Dies zeigt sich auch im folgenden Abschnitt anhand der Abbildung 38.

---

[421] ScreenShot des Internet Explorers.

4.5.1.5 Einstieg in das Management Cockpit

Beim Aufruf des MC für die Unternehmensperspektive „Mitarbeiter" wird zuerst die wöchentliche Sicht zur aktuellen Berichterstattung über die HC-Performance anhand der Indikator-Hierarchie dargestellt.

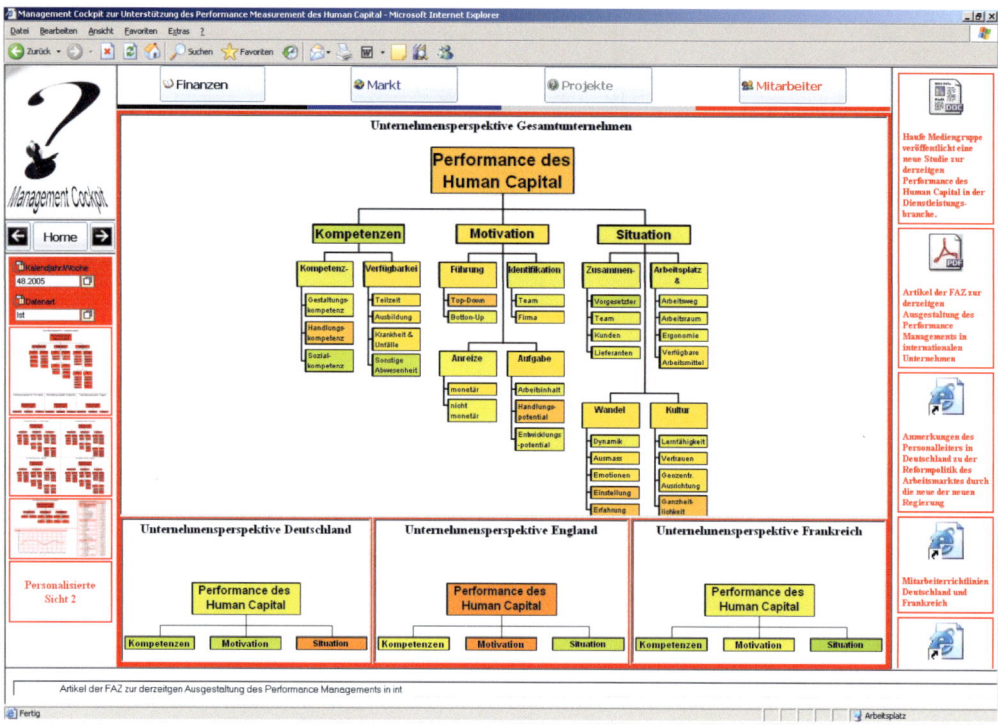

Abbildung 38 – Einstiegsseite des MC-Prototyps[422]

In der oben stehenden Abbildung ist im Bereich der „Primär Informationen" die vollständige Indikator-Hierarchie über das Gesamtunternehmen abgebildet. Die drei Teil-Indikatorbäume am unteren Rand des „Primär Informationen"-Bereichs repräsentieren die HC-Performance in den drei Unternehmensstandorten. Das Bildschirmsegment „Navigation Management Cockpit" bietet die Möglichkeit, die Variablen der zugrunde liegenden Query für die Datenselektion einzuschränken sowie zu anderen Sichten auf die HC-Performance zu navigieren. Im linken Teilbereich der „Sekundär Informationen" sind Verknüpfungen zu weiterführenden Informationen aus dem Internet, dem unternehmenseigenen Portal oder

---

[422] ScreenShot des Internet Explorers.

einem in pdf-Form vom Bereich Unternehmenskommunikation eingestellten Zeitungsartikel erreichbar.

Auch hier wurden alle mit der Mitarbeiter-Perspektive unmittelbar verbundenen Elemente in rot dargestellt und weisen auf den inhaltlich geschlossenen Kontext des MC hin.

4.5.1.5.1 Navigation im Management Cockpit

Eine weitere Sicht des MC der Unternehmensperspektive „Mitarbeiter" lässt sich durch das Klicken auf eines der Icons im linken Bereich auswählen. Hier ist exemplarisch eine Übersicht über den Standort-Deutschland mit einer einge-schränkten Indikator-Hierarchie, dem Diagramm zur Anzeige der HC-Performance im Zeitverlauf sowie der Plan/Ist-Vergleich über die Indika-tor-Hierarchie abgebildet.

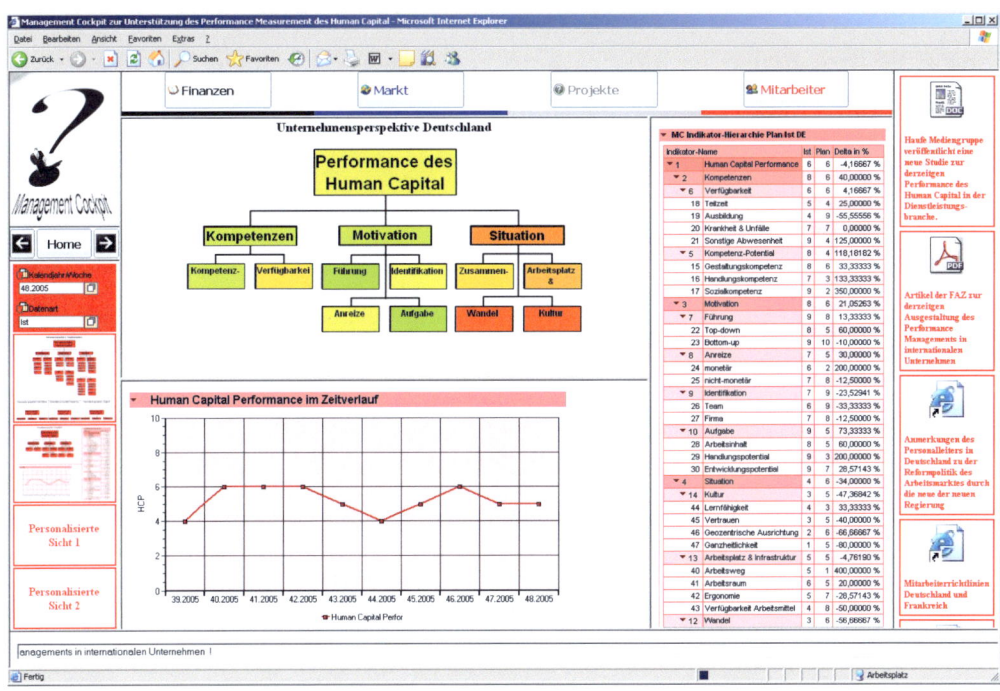

Abbildung 39 – Alternative Sicht des MC-Prototyps[423]

---

[423] ScreenShot des Internet Explorers.

4.5.2 Technische Realisierung

Die technische Realisierung des MC-Prototyps soll beispielhaft anhand der Darstellung der zuvor gezeigten Navigationsschritte innerhalb des MC erläutert werden.

Dazu wird zuerst die technische Basis des zu realisierenden MC-Prototyp beschrieben. Diese bildet zu allererst die SAP-spezifischen BSP-Technologie (Business Server Pages), die den gemeinsamen Anwendungskontext der im MC aufzurufenden Anwendungen darstellt. Darauf aufbauend soll die Entwicklung der einzelnen Sichten des MC-Prototyps aufgezeigt werden, die mit Hilfe einer Kombination von Objekten des SAP WAS 6.40, des BEx[424], des WAD[425] und Flash-Animationen sowie programmiertechnischen Verknüpfungen im BSP-Kontext erstellt wurden.

4.5.2.1 Business Server Pages

Eine BSP-Anwendung ist eine eigenständige Webanwendung mit Präsentations-, Ablauf- und Anwendungslogik, vergleichbar mit anderen Server Pages-Technologien wie Java Server Pages oder Active Server Pages. Innerhalb einer BSP-Applikation können zum einen statische Webseiten ohne serverseitiges Scripting und zum anderen dynamisch durch den SAP WAS 6.40 zu Laufzeit generierte Webseiten sowie sog. MIME-Objekte angelegt werden.[426] Die Multipurpose Internet Mail Extensions-Objekte stellen dabei für den Aufbau des MC-Prototyps Bilder, Cascading Style Sheets und Flash-Dateien dar.

Durch die Integration der BSP-Applikatinen auf dem SAP WAS 6.40 kann bei der Ausführung einer BSP-Anwendung mit Hilfe der SAP-eigenen Programmiersprache ABAP (Advanced Busines Programming Language) auf vielfältige SAP-Funktionalitäten des SAP BW 3.5 oder des SAP WAS 6.40 zurückgegriffen werden. So bietet der BSP-Anwendungskontext z. B. die Möglichkeit an, im HTML-Kontext übergebene Variablen über eine SAP-Methode auszulesen oder andere Funktionsbausteine des SAP-Standards auszuführen.

---

[424] Vgl. Kapitel 4.1.1.2 Business Explorer, S. 76.
[425] Vgl. Kapitel 4.1.1.3 Web Application Designer, S. 76.
[426] Vgl. Heinemann; Rau (2005), S. 176f.

Neben der serverseitigen Interpretation von ABAP-Code kann durch die client-seitige Auswertung von für das Internet entwickelten Programmiersprachen und Technologien wie HTML, JavaScript oder Flash auf der Präsentationsebene einer BSP-Applikation zurückgegriffen werden.

4.5.2.2 Implementierung der Grundstruktur des Management Cockpits

Die die Grundstruktur des MC-Prototyps repräsentierende BSP-Applikation ist eine BSP-Seite auf HTML-Basis, die zur Aufteilung der Anwendung eine Frameset-Definition enthält, mit der die Koordination der sieben darzustellenden Bereiche festgelegt werden.[427] Die folgende Abbildung zeigt den SAP Web Application Builder, der zur Erstellung der Index-Seite des MC-Prototyps benutzt wurde:

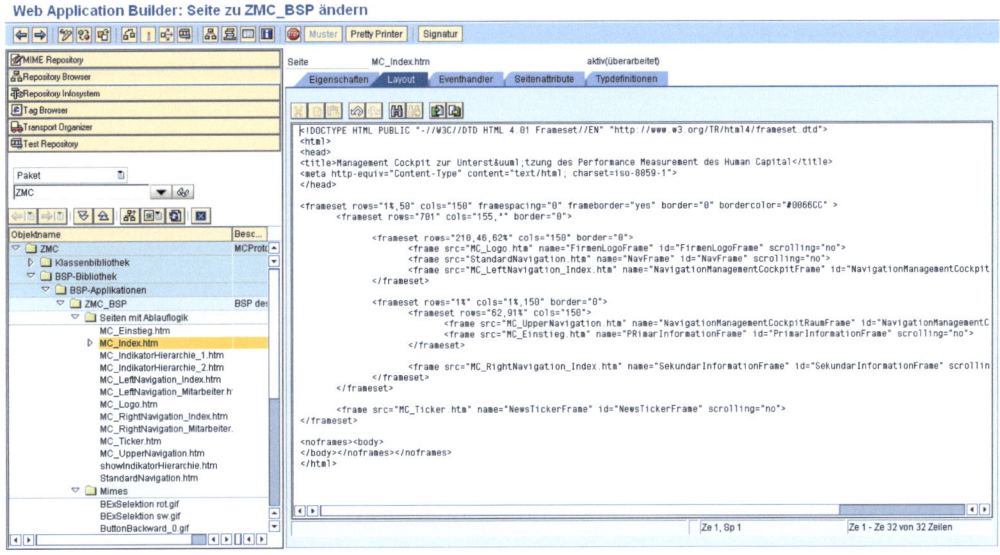

Abbildung 40 – SAP Web Application Builder des MC-Prototyps[428]

Neben dem Frameset wurden in der BSP-Seite auch sog. Seitenattribute definiert, die als Laufzeitvariablen zur Speicherung und Übergabe von Filterwer-ten und der Protokollierung der Navigationsschritte dienen.

Zudem ist die Index-Seite, wie schon die in der Webentwicklung übliche Na-menskonvention andeutet, die Startseite der BSP-Applikation. Daher wurden

---

[427] Vgl. Abbildung 36 – Struktur des MC-Prototyps, S. 108.
[428] ScreenShot des Internet Explorers.

den einzelnen Frame-Segmenten auch die entsprechenden Links zu den in ihnen aufzurufenden Web-Seiten hinterlegt.

4.5.2.3 Implementierung des Einstiegs in den Management Cockpit-Raum

Beim Aufruf des MC-Prototypen über den Browser wird eine Anfrage an den SAP WAS 6.40 gestellt, der den angefragten Link interpretiert und die Index-BSP-Seite aufruft. Nun wird das Web-Dokument an den Client übermittelt und die Definition des Framesets dort interpretiert. Dazu wird zuerst die Bildschirmaufteilung nach der Frameset-Definition umgesetzt und anschließend die die Frame-Segmente füllenden Web-Links ausgewertet und deren relativen Pfade auf dem SAP WAS 6.40 angefragt.

Diese Web-Links repräsentieren jeweils einen der sieben Bereiche des MC-Prototypen, weshalb zuerst sieben BSP-Seiten[429] zu deren Darstellung angelegt werden mussten.

4.5.2.3.1 Implementierung des Firmenzeichens

Der Bereich des Firmen Logos stellt eine statische BSP-Seite dar, in der lediglich ein Bild des Unternehmenszeichen hinterlegt ist.

4.5.2.3.2 Implementierung der Navigationsbereiche

Die BSP-Anwendung zur Darstellung des Bereichs „Navigation Management Cockpit-Raum" enthält eine HTML-Tabellendefinition mit vier Spalten und einer Zeile. In den Zellen sind die vier Navigationsbuttons mit Verlinkungen zu den MC sowie entsprechende Zellformatierungen einzeln hinterlegt. Der Bereich „Navigation Management Cockpit" stellt die gleichen Buttons untereinander dar. Im Frame „Nav" sind in einem dreispaltigen HTML-Tabellen-Tag die abgebildeten Buttons eingebettet.[430]

---

[429] Die Anzahl der BSP-Seiten erweitert sich mit dem Umfang des MC.
[430] Vgl. Abbildung 37 – Einstiegsseite des Management Cockpit-Raums, S. 110.

4.5.2.3.3 Implementierung der Informationsbereiche

Die Bereiche „Primär Informationen" und „Sekundär Informationen" werden hier ebenfalls mit einer HTML-Tabelle dargestellt. Die Zellen wurden ebenfalls mit Hilfe einer „style"-Definition entsprechend optisch formatiert und entsprechende Texte und Links zu dem MC des MCR eingefügt.

4.5.2.3.4 Implementierung des Tickers

Die den News Ticker darstellende Web-Seite ist ein mit dem WAD erstelltes Web-Template. Ein Web-Template ist eine eigenständige HTML-Seite, in die SAP BW 3.5-Elemente, die sog. Web-Items, integriert werden.[431] Für die Darstellung eines News Tickers kann das von der SAP vorgefertigte Web-Item „Ticker" in das Webdokument eingebettet und mit einer Datenquelle verbunden werden.

4.5.2.4 Implementierung des Einstiegs in das Management Cockpit

Durch das Klicken auf einen der Hyperlinks zum MC der Unternehmensperspektive „Mitarbeiter" wird eine JavaScript-Methode ausgeführt, die die Anzeige der Web-Seiten in den einzelnen Frames der dynamischen Bereiche der Index-BSP-Seite aktualisiert.

4.5.2.4.1 Implementierung des Navigationsbereichs

Da nur die dynamischen Bereiche der Grundstruktur des MC aktualisiert werden müssen, wird lediglich in das Frame „Navigation Management Cockpit" eine neue Seite geladen. Hier ist erneut eine Tabelle hinterlegt, die die Anzeige der verschiedenen Icons für die Navigation der unterschiedlichen Sichten auf die HC-Performance innerhalb des MC der Unternehmensperspektive „Mitarbeiter" widerspiegelt und entsprechende Formatierungs-Tags für die assoziative Farbdarstellung enthält. Ein Klick auf eines dieser Icons initiiert das Laden einer neuen BSP-Seite in das „Primär Informationen"-Frame; dies wird im folgenden Abschnitt erläutert.

---

[431] Vgl. Seemann et al. (2001), S. 88.

4.5.2.4.2 Implementierung des sekundären Informationsbereichs

Beim Einstieg in das MC der Unternehmensperspektive „Mitarbeiter" wird zuerst der Bereich der „Sekundär Informationen" aktualisiert. Dazu wird eine neue Web-Seite in das Frame geladen, die eine Tabellendefinition mit entsprechenden Formatierungen enthält. Die Zellinhalte stellen Verlinkungen zu im Portal oder im Internet/Intranet hinterlegten Dokumenten her, die ergänzende Informationen zur Unternehmensperspektive „Mitarbeiter" enthalten.

4.5.2.4.3 Implementierung des primären Informationsbereichs

Im Frame „Primär Informationen" wird ein neues Frameset erzeugt, dessen einzelne Segmente auf Web-Templates für die Darstellung der Indikator-Hierachie der HC-Performance aus der Sicht des Gesamtunternehmens und der drei Unternehmensstandorte einzelnen verweisen.

4.5.2.4.4 Implementierung des Web-Templates für die Darstellung der Indikator-Hierarchie

Der Aufbau des Web-Templates ist für alle vier Sichten identisch. Es enthält ein Web-Item zur Darstellung einer Tabelle, dem als Datenquelle eine Query eines InfoProviders hinterlegt werden kann. So wird standardmäßig eine Tabelle wie in der Abbildung 29[432] für die Sicht der Niederlassung Deutschland eingeführt. Die Datenwerte der Tabelle sind jedoch aufgrund der eingeschränkten Hierarchie-Aggregationsmöglichkeiten des SAP BW 3.5 für die Darstellung der HC-Performance in der Likert-Skala ungeeignet.[433]

Infolgedessen muss eine Hintergrundberechnung durchgeführt werden, die in Form einer Eigenentwicklung für das Tabellen-Interface des Tabellen-Web-Item implementiert werden soll. Die angepasste Klasse des Tabellen-Interface wird dann dem Web-Item zugewiesen und für die Berechnung der Daten zur Laufzeit genutzt.

---

[432] Vgl. Abbildung 29 – Query-Ergebnis auf dem InfoCube des Standorts Deutschland zur Auswertung der Human Capital Performance, S. 97.
[433] Vgl. Kapitel 4.4.1 Anlegen der Indikator-Hierarchie des Human Capital, S. 94.

4.5.2.4.5 Implementierung des Tabellen-Interface für die Berechnung der HC-Performance

Für die korrekte Berechnung der HC-Performance innerhalb der Tabelle muss eine von dem Standard-Tabellen-Interface abgeleitete Klasse implementiert und dort einige Methoden re-definiert werden, die die korrekte Berechnungsvorschrift enthält.

Bei der Ausführung der Klasse wird dabei die Tabellen-Struktur zeilenweise abgearbeitet bzw. für die Darstellung in dem Web-Template aufgebaut, wobei bereits alle Werte wie in Abbildung 29 zur Laufzeit vorliegen. In der Methode „Data Cell" wird die Berechnung der korrekten HC-Performance-Werte durchgeführt, indem die Anzahl der Blätter des aktuell in der Datenzeile dargestellten Hierarchieknotens berechnet werden und diese Anzahl als Divisor für den Wert des Knotens verwendet wird, der beim Durchlaufen der Data Cell-Methode vorliegt. Die Berechnung soll noch einmal durch die folgende Formel verdeutlicht werden:

$$Human\ Captial\ Performance-Wert = \frac{\sum Knotenwert\ \ddot{u}ber\ die\ Hierarchieaggregation}{\sum Bl\ddot{a}tter\ des\ Knotens}$$

Formel 2 – Durchschnittliche Hierarchieknoten-Aggregation auf Blatt-Basis

Der so ermittelte Wert wird dann zum einen in den zur Darstellung der Tabellenwertzelle vorhanden HTML-Tag eingefügt. Zum anderen wird der nun in der Likert-Skala vorliegende Wert in einen korrespondierenden Farbcode wie in Abbildung 33[434] umgerechnet, der in Form einer JavaScript-Variable im Seitenkontext des Web-Templates hinterlegt wird und später für die Darstellung der Indikator-Hierarchie des HC benötigt wird.

Die Anwendung der beschriebenen Berechnungsvorschrift gibt bei der Ausführung des Web-Templates für den Standort Deutschland die folgenden Werte in dem Tabellen-Web-Item aus:

---

[434] Vgl. Abbildung 32 – Farbschema für die Abbildung der Indikator Hierarchie des Human Capital, S. 102.

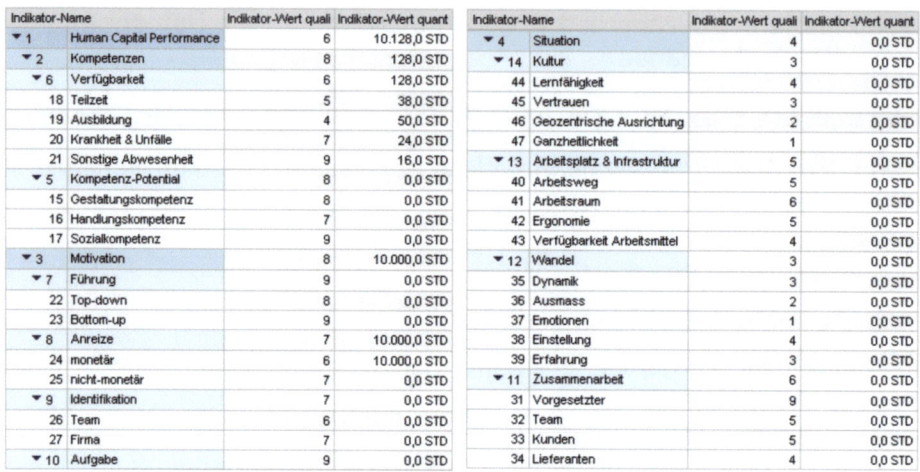

Abbildung 41 – Query-Ergebnis auf dem InfoCube des Standorts Deutschland zur Auswertung der HC-Performance in der Likert-Skala[435]

Es sei jedoch darauf hingewiesen, dass bei der Berechnung des Ergebnisses für die HC-Performance die Hilb'sche Gleichung des Kreislaufkonzepts nicht berücksichtigt werden konnte. Dies geschieht erst bei der Darstellung der HC-Performance in Form der Indikator-Hierarchie.

4.5.2.4.6 Implementierung der Darstellung der Indikator-Hierarchie

Auf Basis des zuvor dargestellten Query-Ergebnisses bzw. den korrespondierenden JavaScript-Variablenwerten im Seitenkontext des Web-Templates soll die Visualisierung der Indikator-Hierarchie wie in Abbildung 34[436] erfolgen und dabei die in Kapitel 4.5.1.3 diskutierten Dimensionen visueller Darstellungsformen für den Indikatorbaum umgesetzt werden.[437]

Für die Abbildung der Indikator-Hierarchie wurde eine Flash-Animation gewählt, da nur diese Technik alle Dimensionen der gestalterischen Anforderungen des Indikatorbaums abbilden kann und zudem die Berücksichtigung der Hilb'sche Gleichung des Kreislaufkonzepts ermöglicht.

Der folgende ScreenShot zeigt die Entwicklungsumgebung Macromedia Flash MX Professional 2004, mit der die Indikator-Hierarchie visualisiert wurde:

---

[435] ScreenShot des BEx Adhoc Analyse. ScreenShot wurde mit Hilfe eines Bildbearbeitungsprogramms bearbeitet.

[436] Vgl. Abbildung 34 – Visualisierung der Indikator-Hierarchie des Human Capital, S. 105.

[437] Vgl. Kapitel 4.5.1.3 Zielgruppenorientierte Visualisierung der Informationen, S. 101.

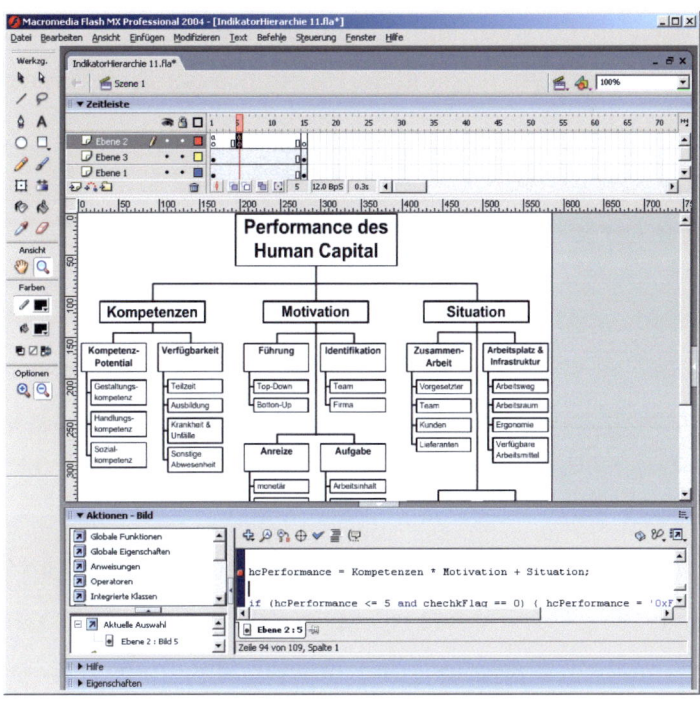

Abbildung 42 – Entwicklungsumgebung Macromedia Flash MX Professional 2004[438]

Die so erstellte Indikator-Hierachie wurde als Flash-Film im MIME-Repository auf dem SAP WAS 6.40 gespeichert und kann dort über eine URL (Unified Ressource Locator) abgespielt werden. Dabei ist es möglich, der Flash-Animation über die URL Variablen-Werte zu übergeben und diese über die Flash-eigene Programmiersprache „ActionScript" auszuwerten. Dies wird für die farbliche Darstellung der Indikator-Werte wie Abbildung 34[439] genutzt, indem die JavaScript-Variablen im Web-Template übergeben werden und die dort enthaltenen Farbcodes den Hierarchieknoten zugewiesen werden.

Des Weiteren erfolgt über das zur Laufzeit des Flash-Films ausgeführte ActionScript die Umsetzung der Hilb'schen Gleichung des Kreislaufkonzepts, welche die Berechnung der Gesamt-HC-Performance nach der folgenden Formel durchführt:

$$Human\ Captial\ Performance = Kompetenzen * Motivation + Situation$$

Formel 3 – Hilb'sche Gleichung des Kreislaufkonzepts

---

[438] ScreenShot des Macromedia Flash MX Professional 2004.
[439] Vgl. Abbildung 34 – Visualisierung der Indikator-Hierarchie des Human Capital, S. 105.

Der so errechnete Wert wird dann ebenfalls in einen Farbcode umgerechnet und dieser dem zugrunde liegenden Hierarchieknoten als Hintergrundfarbe zugewiesen.

4.6 Zusammenfassung

In diesem Kapitel wurde die Realisierung des MC-Prototyps beschrieben, der sich im Endergebnis in einem browserorientierten Informationssystem darstellt. Durch die Kombination verschiedenster Techniken konnten so die innerhalb des Unternehmensszenarios definierten Anforderungen an den MC-Prototypen umgesetzt werden.

Mit den Mitteln des SAP BW 3.5 wurde eine für Auswertungen im Rahmen des MC zur Unterstützung des PM des HC konsolidierte Datenbasis geschaffen, die die aus den SAP HR-Systemen der fiktiven Unternehmung gespeicherten qualitativen und quantitativen Informationen zentralisiert bereitstellt. Dazu wurden alle Schritte zur Abbildung des zuvor konzeptionierten Datenflusses im SAP BW 3.5 durchgeführt und das Laden der Performance-Daten in das DWH ermöglicht. Darauf aufbauend wurden Möglichkeiten der Datenanalysen über das Gesamtunternehmen und auf Basis der einzelnen Unternehmensstandorte aufgezeigt, die innerhalb des MC-Prototyps visualisiert werden.

Um die an ein MC gestellten Ansprüche hinsichtlich der Visualisierung von entscheidungsrelevanten Informationen zu erfüllen, wurden die Erkenntnisse einer Vielzahl von Forschungsgebieten zusammengeführt und in ein anwender-zentriertes Design umgesetzt. Dabei wurden die vom SAP WAS 6.40 angebo-tenen Techniken zur Webentwicklung ausgeschöpft und ein adäquates MC zur Unterstützung des PM des HC realisiert.

5 Schlussbetrachtung

Die Ausführungen dieser Arbeit haben aufgezeigt, dass es sich bei der Konzeption und Realisierung eines Management Cockpits um ein sehr komplexes Themengebiet handelt.

Neben der Eruierung der inhaltlichen Aspekte eines Management Cockpits auf fachlicher Seite und der zielführenden Auswahl von darzustellen Informationen gilt es auch eine Vielzahl von technischen Gesichtspunkten zu beachten. Diese vermischen sich dabei stark mit dem fachlichen Hintergrund und sind aus Sicht einer Vielzahl von Forschungsprogrammen zu analysieren.

Mit dem Performance Measurement wurde in dieser Arbeit ein für die „Leistungsmessung" umfassender Ansatz gewählt. Allein der Aufbau eines adäquaten Performance Measurement Systems, welches als Informationsgrundlage für ein zu erstellendes Management Cockpit dienen kann, ist ein Vorhaben immensen Umfangs. Daher wurde in den vorangegangenen Überlegungen die Komplexität durch Einschränkung auf den Performance-Gegenstand des Human Capital getroffen und sich auf das Aufzeigen der erweiterten Möglichkeiten des Performance Measurements gegenüber traditionellen Kennzahlenmodellen beschränkt.

Auch die technischen Implementierungsaspekte zum Aufbau der Datenbasis in Form eines Data Warehouse stellen eine große Herausforderung dar. Zumeist müssen die relevanten Daten aus heterogen gestalteten Systemlandschaften der Unternehmen aufwendig extrahiert und transformiert werden, bevor sie konsolidiert in die Data Warehouse-Datenbank geladen werden können. Die Erstellung eines für die Ausrichtung des Performance Measurement geeigneten Datenmodells ist hier nur der erste Schritt. Die Wartung und Pflege eines Data Warehouse Systems im Zeitverlauf ist ebenfalls nicht zu unterschätzen.

Mit der Visualisierung von Informationen in einem Management Cockpit wird der Umfang der Thematik zur Konzeption und Realisierung eines Management Cockpits noch einmal erweitert. Der im Zentrum des Management Cockpit-Konzept stehende Aspekt der grafischen Aufbereitung von Informationen und der Anwenderzentrierung ist ein unternehmensindividueller, in seiner Reinform sogar personenindividueller Ansatz und lässt sich beliebig erweitern. So könnte z. B. der Management Cockpit-Ansatz von der bloßen Visualisierung zur Verdeutlichung der Informationen auch durch haptische oder olfaktorische Aspekte ergänzt und so die Wahrnehmung der Informationen noch einmal verbessert werden. Aber auch seitens der grafischen Visualisierung befindet sich der Management Cockpit-Aufbau noch nicht am Ende seiner Entwicklung.

Nicht zuletzt der Anspruch des Management Cockpits als entscheidungs- und letztlich führungsunterstützendes Hilfsmittel macht die Konzeption und Realisierung dieses analytischen Informationsinstruments zu einem unternehmensweiten Prozess, der einzeln betrachtet durch die Strategie- und Zieldefinition größere Projektteams über einen längeren Zeitraum beschäftigen dürfte.

Aus den aufgeführten Überlegungen geht hervor, dass trotz des ganzheitlichen Ansatzes dieser Arbeit bei den Ausführungen in den einzelnen Kapiteln kein Anspruch auf Vollständigkeit gestellt werden kann, da dies aufgrund des diametralen Verhältnisses aus vorgegebenen Umfang und Komplexität des Themas dieser Diplomarbeit unmöglich scheint. Aus diesem Grund sei auf Quellen zu weiterführender Literatur in den Fußnoten des jeweils behandelten Themengebiets verwiesen, deren Konsultation für die Schaffung eines tiefgründigen Verständnisses zielführend ist.

Dennoch erscheint die Beschäftigung mit der Management Cockpit-Thematik und der Implementierung eines Performance Measurement-Prozesses sowie dessen Auswertungen über ein Management Cockpit für die betrieblichen Entscheidungsträger sinnvoll. Das Management Cockpit-Konzept zeigt einen Weg auf, dem Manager die für ihn relevanten Informationen optimal zu präsentieren und somit implizit die Qualität der von der Zielgruppe getroffenen Entscheidungen positiv zu beeinflussen. Da die getroffenen Entscheidungen ausschlaggebend für die Performance eines Unternehmens bzw. den Unternehmenserfolg sind, ist der Aufbau eines Management Cockpits ein wichtiger und fortwährender Prozess in einem gesunden Unternehmen, der einerseits den Fortbestand der Unternehmung sichert und bei entsprechender Ausgestaltung auch Entwicklungspotentiale offenbaren kann.

6 Quellen-Verzeichnis

6.1 Internet-Quellen

Barry & Associates, Inc (2005): Web Services and Service-Oriented Architectures, http://www.service-architecture.com, Stand: 02.12.2005.

Berlecon Reasearch GmbH (Hrsg.) (2005): Management Cockpits sorgen in Unternehmen für schnellen Durchblick, http://www.berlecon.de/presse/index.php?we_objectID=230, Stand: 08.10.2005.

Carl von Ossietzky Universität Oldenburg (Hrsg.) (2005a): MUSE II – Method for User Interface Engineering, http://www-cg-hci.informatik.uni-oldenburg.de/research.html#PR_MUSE2, Stand: 01.12.2005.

Carl von Ossietzky Universität Oldenburg (Hrsg.) (2005b): Entwurf der Benutzungsoberfläche mit MUSE, http://www-cg-hci.informatik.uni-olden-burg.de/~da/eden/Inhalt/Kapitel_5/5.5entwurf_der_benutzungsoberflaeche_mit_muse.htm#5.5, Stand: 01.12.2005.

Cundus AG (Hrsg.) (2005): Management Cockpit, http://www.cundus.de/downloads/cundus_Info_Management_Cockpit.pdf, Stand: 08.10.2005.

Daum, Jürgen H. (Hrsg.) (1998): Eine neue Generation von analytischen Softwareanwendungen zur Unterstützung von Managementprozessen: Strategic Enterprise Management (SEM), http://www.juergendaum.de/articles/sem_d.pdf, Stand: 08.10.2005.

Institut für Organisation und Personal (2003): http://www.iop.unibe.ch/medien/pdf-2003/swissre-28.4.03.pdf, Stand: 23.11.2005.

International Organization for Standardization (ISO) (Hrsg.) (1997): Ergonomic requirements for office work with visual display terminals (VDTs), http://www.iso.org/iso/en/CombinedQueryResult.CombinedQueryResult?queryString=9241, Stand: 01.12.2005.

N.E.T. Research (2005a): The Management Cockpit® – The Management Cockpit®, http://management-cockpit.net/rubrique2.html?lang=en#47, Stand: 10.10.2005.

N.E.T. Research (2005b): The Management Cockpit® – Pressse, http://management-cockpit.net/rubrique5.html?lang=fr, Stand: 13.12.2005.

NetSkill AG (Hrsg.) (2005): Human Kapital http://www.competence-site.de/C1256931003860BB.nsf/0/F10202E6D68E8C4AC1256B44004 B7FD1?Open, 23.11.2005.

SAP AG (Hrsg.) (o. J.): Design Guild – SAP's resource & forum for people-centric design, http://www.sapdesignguild.org/index.asp, Stand: 01.12.2005.

SAP AG (Hrsg.) (2005): Schlüsselbereiche der Application Platform, http://help.sap.com/saphelp_nw04s/helpdata/de/17/f1b640c9aa054fa12 493e48912909c/frameset.htm, Stand: 05.12.2005.

SAP AG (Hrsg.) (2003a): Administrator Workbench, http://help.sap.com/saphelp_bw33/helpdata/de/e3/e60138fede083de10 000009b38f8cf/frameset.htm, Stand: 05.12.2005.

SAP AG (Hrsg.) (2003b): Business Information Warehouse: Überblick, http://help.sap.com/saphelp_bw33/helpdata/de/ad/6b023b6069d22ee10 000000a11402f/frameset.htm, Stand: 05.12.2005.

SAP AG (Hrsg.) (2003c): Plattforminteroperabilität von SAP NetWeaver mit IBM WebSphere und Microsoft .NET, http://www11.sap.com/germany/ media/50063160.pdf, Stand: 07.12.2005.

W3C (2002): Web Services Architecture – W3C Working Draft 14 November 2002, http://www.w3.org/TR/2002/WD-ws-arch-20021114, Stand: 02.12.2005.

6.2 Literatur-Quellen

Anahory, S.; Murray, D. (1997): Data Warehouse – Planung, Implementierung und Administration, Bonn 1997.

Arnold, U. (1989): Zur Informationsverarbeitung von Konsumenten – Jahrbuch der Absatz- und Verbrauchsforschung, Heft 4 1989, S. 387-401.

Baetge, J.; Schulze, D. (1998): Möglichkeiten der Objektivierung der Lageberichterstattung über „Risiken der künftigen Entwicklung" – Ein Vorschlag zur praktischen Umsetzung der vom KonTraG verlangten Berichtspflichten, in: Der Betrieb, Heft 19 1998, S. 937-948.

Bange, C.; Schnizer, H. (2000): ETL-Werkzeuge für das Data Warehouse: Aufbauhilfe und Prozesssteuerung, in: it-Fokus, 7/2000, S. 10-16.

Bartel, W.; Schwarz, S; Strasser, G. (2000): Der ETL-Prozess des Data Warehousing, in: Jung, R.; Winter, R. (Hrsg.): Data Warehousing Strategie – Erfahrungen, Methoden, Visionen, Berlin et al. 2000, S. 43-60.

Bauer, A.; Guenzel, H. (2001): Data Warehouse Systeme, Heidelberg, 2001.

Becker, O. (1951): Der Leistungsbegriff in der Betriebswirtschaftslehre, Diss., Heidelberg, 1951.

Becker, J. (1993): Modellierung und Speicherung aggregierter Daten als Basis für das Controlling, in: Scheer, A.-W. (Hrsg.): Rechnungswesen und EDV 1993 – 14. Saarbrücker Arbeitstagung, Heidelberg 1993, S. 19-37.

Behme, W. (1992): ZP-Stichwort: Entscheidungsunterstützungssysteme, in: Zeitschrift für Planung 2/1992, S. 179-184.

Behme, W.; Holthuis, J.; Mucksch, H. (2000): Umsetzung multidimensionaler Strukturen, in: Mucksch, H.; Behme, W. (Hrsg.): Das Data-Warehouse-Konzept – Architektur - Datenmodell - Anwendungen; Mit Erfahrungsberichten, 4. Aufl., Wiesbaden 1996, S. 215-242.

Berliner, C.; Brimson, J. A. (1988): Cost Management for Today's Advanced Manufacturing – The CAM-I Conceptual Design, Boston 1988.

Berson, A.; Smith, S. (1997): Data Warehouse, Data Mining & OLAP. New York 1997.

Bierbach, E. (2000): Naturheilkunde – Praxis Heute, München 2000.

Blankenburg, D. (1999): Evaluation von Performance Measurement-Systemen, St. Gallen 1999.

Botta, V. (1997): Kennzahlensysteme als Führungsinstrumente – Planung, Steuerung und Kontrolle der Rentabilität im Unternehmen, 5. Aufl., Berlin 1997.

Bouffier, W. (1950): Betriebswirtschaftslehre als Leistungslehre, in: Bouffier, W. (Hrsg.), Das Kleingewerbe, Heft 2, Wien 1950, S. 3-15.

Briam, K.-H. (1986): Arbeiten ohne Angst – Arbeitsmanagement im technischen Wandel, 2. Aufl., Düsseldorf, Wien 1986.

Brökelschen, J. (1998): Betriebliche Humankapitalbildung als strategischer Wettbewerbsfaktor in der Automobilproduktion – Eine vergleichende Analyse der deutschen, US-amerikanischen und japanischen Automobilindustrie, Diss., Duisburg 1998.

Brunner, J.; Sprich, O. (1998): Performance Management und Balanced Scorecard – Zur Verbesserung wertschöpfungsorientierter Leistungs-Indikatoren in: iomanagement, Heft 6 1998, S. 30-36.

Burke, J. C.; Minassians, H.; Yang, P. (2002): State Performance Reporting Indicators: What Do They Indicate? – Planning for Higher Education, o. O. 2002.

Butler, A.; Letza, S. R.; Neale, B. (1997): Linking the Balanced Scorecard to Strategy, in: Long Range Planning, 2/1997, S. 242-253.

Buttler, G.; Stroh, R. (2000): Einführung in die Statistik, 7. Auflage, Hamburg 2000.

Chamoni, P.; Zeschau, P. (1996): Management-Support-Systems und Data-Warehousing, in: Mucksch, H.; Behme, W. (Hrsg.): Das Data-Warehouse-Konzept – Architektur - Datenmodell - Anwendungen; Mit Erfahrungsberichten, Wiesbaden 1996, S. 47-83.

Chamoni, P.; Gluchowski, P. (1999): Analytische Informationssysteme – Einordnung und Überblick, in: Chamoni, P.; Gluchowski, P. (Hrsg.): Analytische Informationssysteme – Data Warehouse, On-Line Analytical Processing, Data Mining, 2. Auflage, Berlin Heidelberg 1999.

Chen, P. P.-S. (1976): The Entity-Relationship Modell – Toward a unified field of Data, in: ACM TODS: Januar 1976, S. 9-36.

Codd, E. F. (1970): A Relational Model of Data for Large Shared Data Banks, in CACM, 6/1970, S. 377-379.

Codd, E. F. (1993); Codd, S. B.; Salley, C. T.: Beyond Decision Support, in: Computerworld 27, 1993, S. 87-89.

Codd, E. F. (1994): OLAP. On-Line Analytical Processing mit TM/1, M.I.S. GmbH, Darmstadt, 1994.

Copeland, T. E.; Koller, T. M.; Murrin, J. (1995): Valuation, measuring and managing the value of a company, 2. Aufl., New York 1995.

Cyert, R. M.; March, J. G. (1963): A Behavioral Theory of the Firm, New Jersey 1963.

D'Andrade, R. (1995): The development of cognitive anthropology, Cambridge 1995.

Daum, J. H. (2002): Intangible Assets oder die Kunst, Mehrwert zu schaffen, Bonn, 2002.

Daum, J. H. (2003): Intangible Assets and Value Creation, Chichester, 2003.

Devlin, B. (1997): Data Warehouse – From architecture to implementation, Massachusetts, Amherst et al. 1997.

Diekmann, A. (1997): Empirische Sozialforschung – Grundlagen, Methoden, Anwendungen, 3. Auf., Hamburg 1997.

Diensberg, C. (2001): Balanced Scorecard – kritische Anregungen für die Bildungs- und Personalarbeit, für Evaluation und die Weiterentwicklung des Ansatzes, in: Diensberg, C.; Krekel, E. M.; Schobert, B. (Hrsg.): Balanced Scorecard und House of Quality – Impulse für die Evaluation in Weiterbildung und Personalentwicklung, BiBB Heft 53, Bonn 2001, S. 21-38.

Dyckhoff, H. (1986): Informationsverdichtung zur Alternativenbewertung, in: Zeitschrift für Betriebswirtschaft, Nr. 56, S. 848-872.

Eccles, R. G. (1991): The Performance Measurement Manifesto, in: HBR, Heft 1 1991, S. 131-137.

Egelhoff, W. G. (1988): Organizing the multinational enterprise, Cambridge 1988.

Engelage, A. (2002): Qualitätswahrnehmung bei Lebensmitteln – Das Verbraucherbild in Rechtsprechung und Wissenschaft, Diss., Berlin 2002.

Engels, E. (1996), OLAP jenseits der Schlagworte (1): Grundlagen und Datenmodellierung, in: it-Fokus, Juli 1996, S. 14-24.

Eschenbach, R., Haddad, T. (1999): Die Balanced Scorecard – Führungsinstrument im Handel, Wien 1999.

Faltin, N. (2002): Strukturiertes actives Lernen von Algorithmen mit interaktiven Visualisierungen, Diss., Oldenburg 2002.

Farner, G. (1995): Rules for Evaluating OLAP Systems – A critical Requirement for Business Intelligence Systems, IRI Software, White Paper, 1995.

Fischer, R. (2003): Unternehmensplanung mit SAP SEM, Bonn 2003.

Fortuin, L. (1988): Performance Indicators – Why, Where and How?, in: European Journal of Operational Research, Heft 1 1988. S. 1-9.

Franck, E. (1992): Körperliche Entscheidungen und ihre Konsequenzen für die Entscheidungstheorie, in: Die Betriebswirtschaft, Heft 5 1992, S. 631-647.

Frese, E.; v. Werder, A. (1993): Zentralbereiche – Organisatorische Formen und Effizienzbeurteilung, in: Frese, E.; v. Werder, A.; Maly, W. (Hrsg.): Zentralbereiche, Stuttgart 1993, S. 1-50.

Friedag, H. R.; Schmidt, W. (2004): My Balanced Scorecard – Das Praxishandbuch für Ihre individuelle Lösung, u. a. Freiburg 2004.

Frisby, J. P. (1983): Sehen, Optische Täuschungen, Gehirnfunktionen, Bildgedächtnis, München 1983.

Fritz, W. (1990): Marketing – ein Schlüsselfaktor des Unternehmenserfolges?, in: Marketing ZFP, Heft 2 1990, S. 91.

Galagan, Patricia (1988): Donald E. Petersen. Chairman of Ford and Champion of its people, in: Training & Development Journal, Ausgabe 42, August 1988, S. 20-24.

Gärtner, M. (1996): Die Eignung relationaler und erweiterter relationaler Datenmodelle für das Data-Warehouse, in: Mucksch, H.; Behme, W. (Hrsg.): Das Data-Warehouse-Konzept – Architektur - Datenmodell - Anwendungen; Mit Erfahrungsberichten, Wiesbaden 1996, S. 133-164.

Geanuracos, J.; Meiklejohn, I. (1993): Performance Measurement – The New Agenda, London 1993.

Gehringer, J.; Michel, W. J. (2000): Frühwarnsystem Balanced Scorecard, Düsseldorf Berlin 2000.

Gerstlauer, M. (2004): Eignung neuer Informations- und Kommunikationstechnik zur Erhöhung der Internationalität von Forschung und Entwicklung – Möglichkeiten und Grenzen, Diss. Bamberg 2004.

Gilles, R. (2005): Performance Measurement mittels Data Envelopment Analysis – Theoretisches Grundkonzept und universitäre Forschungsperformance als Anwendungsfall, Diss., Köln 2005.

Gleich, R. (1997): Performance Measurement, in: Die Betriebswirtschaft, Jg. 57, 1/1997.

Globerson, S. (1985): Issues in developing a performance criteria system for an organisation, in: International Journal of Production Research, Heft 4 1985, S. 639-646.

Gluchowski, P. (1996): Architekturkonzepte multidimensionaler Data-Warehouse-Lösungen, in: Mucksch, H.; Behme, W. (Hrsg.): Das Data-Warehouse-Konzept – Architektur - Datenmodell - Anwendungen; Mit Erfahrungsberichten, Wiesbaden 1996, S. 230-264.

Gluchowski, P.; Gabriel, R.; Chamoni, P. (1997): Management Support Systeme – Computergestützte Informationssysteme für Führungskräfte und Entscheidungsträger, Berlin Heidelberg 1997.

Gorny, P. (1997): Kontextbezogener Entwurf von Benutzungsoberflächen mit MUSE II - Tutorial im Rahmen der Fachtagung Software-Ergonomie '97 in Dresden, Oldenburg 1997.

Gorny, P.; Viereck, A.; Qin L.; Daldrup, U. (1993): Slow and principled prototyping of usage surfaces – A method for user interface engineering, in: Züllighoven, H. (Hrsg.): Proceedings of Requirements Engineering RE ´93 – Prototyping – Bonn April 1993, Stuttgart 1993, S. 125-133.

Guthunz, U. (1994): Informationssysteme für das strategische Management – Eine Untersuchung zur theoretischen Fundierung und Gestaltung strategischer Informationssysteme am Beispiel der Kostenrechnung, Wiesbaden 1994.

Haase, P.; Jaehrling, D. (1986): Zukunftsorientierte Qualifikationssicherung als unternehmerische Aufgabe – Dargestellt an Beispielen aus der Volkswagen AG und AUDI AG, in: Günter Berndt, (Hrsg.), Personalentwicklung. Ansätze - Konzepte - Perspektiven, Köln u. a. 1986, S. 113-168.

Hagge, K. (1994): Informations-Design, Heidelberg 1994.

Hahn, D. (1991): Strategische Führung und Strategisches Controlling, in: ZfB, Jg. 43, Ergänzungsheft 3/1991.

Hahne, M. (2005): SAP Business Information Warehouse – Mehrdimensionale Datenmodellierung, Berlin Heidelberg 2005.

Hail, L. (1996): Prozesskostenmanagement bei Banken – Ein modernes Instrumentarium zur Führung des Betriebsbereiches von Finanzinstituten – Beiträge des Instituts für Rechnungswesen und Controller der Universität Zürich, Band 6, Zürich 1996.

Haldi, E. D. (2001): Nutzenpotentiale internetgestützter Informations- und Kommunikationssysteme für das integrierte Management der Human-Ressourcen in internationalen Unternehmen unter besonderer Berücksichtigung des strategischen HR Controlling, Diss., St. Gallen 2001.

Hannig, U. (1998): Data Warehouse und Managementinformationssysteme, in: Hannig, U. (Hrsg.), Data Warehouse und Managementinformationssysteme, Stuttgart 1996, S. 1-10.

Harengel, J. (2000): Die Balanced Scorecard als Instrument des Banken-Controlling, Diss., Konstanz 2000.

Hauschildt, J. (1983): Die Fragen dieses Forschungsprojektes, in : Hauschildt, J.; Gemünden, H. G.; Grotz-Martin, S.; Haidle, U. (Hrsg.): Entscheidungen der Geschäftsführung – Typologie - Informationsverhalten - Effizienz, Tübingen 1983, S. 1-10.

Heilmann, H. (1987): Computerunterstützung für das Management – Entwicklung und Überblick, in: HMD 138/1987, S. 3-17.

Heinemann, F.; Rau, C. (2005): Webentwicklung in ABAP mit dem SAP Web Application Server, 2. Aufl., Bonn 2005.

Heinen, E. (1976): Grundlagen betriebswirtschaftlicher Entscheidungen – Das Zielsystem der Unternehmung, 3. Aufl., Wiesbaden 1976.

Helfert, M. (2000): Massnahmen und Konzepte zur Sicherung der Datenqualität. In: Jung, R.; Winter, R. (Hrsg.): Data Warehousing Strategie – Erfahrungen, Methoden, Visionen, Berlin et al. 2000, S. 61-78.

Henzel, F. (1967): Kosten und Leistungen, Essen 1967.

Hilb, M. (1997): Integriertes Personal-Management – Ziele - Strategien - Instrumente, 4. Auflage, Berlin 1997.

Hirsemann, T.; Rochusch, D. (2003): JavaScript – Wissen das sich auszahlt, Berlin 2003.

Hoffjan, A. (1997): Entwicklung einer verhaltensorientierten Controlling-Konzeption für die Arbeitsverwaltung, Diss., Wiesbaden 1997.

Hogarth, R. M. (1987): Judgement and Choice – The Psychology of Decision, u. a. Chichester 1987.

Holthuis, J. (1999): Der Aufbau von Data Warehouse-Systemen – Konzeption - Datenmodellierung – Vorgehen, 2. Aufl., Wiesbaden 1999.

Holthuis, J. (2000): Grundüberlegungen für die Modellierung einer Data Warehouse-Datenbasis, in: Mucksch, H.; Behme, W. (Hrsg.): Das Data-Warehouse-Konzept – Architektur - Datenmodell - Anwendungen; Mit Erfahrungsberichten, 4. Aufl., Wiesbaden 1996, S. 149-180.

Homp, C. (2000). Entwicklung und Aufbau von Kernkompetenzen, Wiesbaden 2000.

Horngren, C. T.; Sundem, G. L.; Stratton, William O. (1996): Introduction to management accounting. Upper Saddle River 1996.

Horváth, P. (1996): Controlling, München 1996.

Horváth & Partner GmbH (2001): Balanced Scorecard umsetzen, 2. Aufl., u. a. Stuttgart, 2001.

Hubel, D. H. (1986): Das Gehrin, in: Ritter, M. (Hrsg): Wahrnehmung und visuelles System, Heidelberg 186, S. 16-25.

Inan, Y. (1997): Semantische Modellierung komplexer OLAP-Anwendungen mit der Objekttypenmethode (OTM) - Grundlagen und Fallstudie, Diss., Konstanz 1997.

Inmon, W. H. (1992): Building the Data Warehouse, New York et al. 1992.

Inmon, W. H.; Welch, J. D. (1997); Glassey, K. L.: Managing the Data Warehouse, New York et al. 1997.

Jahnke, B.; Groffmann, H.-D.; Kruppa, S. (1996): On-Line Analytical Processing (OLAP), in: Wirtschaftsinformatik, März 1996, S. 321-324.

Johnson, H. T. (1992): Relevance Regained – From Top-Down Control to Bottom-Up Empowerment, New York, Toronto 1992.

Jung, R.; Winter, R. (2000): Data Warehousing: Nutzungsaspekte, Referenzarchitektur und Vorgehensmodell, in: Jung, R.; Winter, R. (Hrsg.): Data Warehousing Strategie – Erfahrungen, Methoden, Visionen, Berlin et al. 2000.

Kaplan, R. S.; Norton, D. P. (1997): The Balanced Scorecard – Strategien erfolgreich umsetzen, Stuttgart 1997.

Karlowitsch, M. (2000): Leistungscontrolling mit der balanced scorecard, Diss., Düsseldorf 2000.

Kay, W. (2003): Messung und Modellierung von SAP R/3- und Storage-Systemen für die Kapazitätsplanung, Diss., Essen 2003.

Kirchner, J. (1996): Transformationsprogramme und Extraktionsprozesse von entscheidungsrelevanten Basisdaten, in: Mucksch, H.; Behme, W. (Hrsg.): Das Data-Warehouse-Konzept – Architektur - Datenmodell - Anwendungen; Mit Erfahrungsberichten, Wiesbaden 1996, S. 265-299.

Kittner, M. (1997), „Human Resources" in der Unternehmensbewertung, in: Der Betrieb, Heft 46, 50. Jg., November 1997, S. 46-55.

Kleinhans, A. (1992); Rüttler, M.; Zahn, E. (1992): Management-Unterstützungssysteme – Eine vielfältige Begriffswelt, in: Hichert, R.; Moritz, M. (Hrsg.), Management-Informationsysteme, 2. Aufl., u. a. Berlin 1992, S. 1-14.

Klingebiel, N. (1998): Performance Management – Performance Measurement, in: ZfP, (1998), S. 1-15.

Klingebiel, N. (1999): Performance Measurement – Grundlagen – Ansätze – Fallstudien, Wiesbaden 1999.

Klingebiel, N. (2001): Impulsgeber des Performance Measurement, in: Klinge-biel, N.: Performance Management & Balanced Scorecard, München 2001, S. 4-23.

Koffke, K. (1935): Principles of Gestalt Psychology, New York 1935.

Kosoil, E. (1972): Die Unternehmung als wirtschaftliches Aktionszentrum – Einführung in die Betriebswirtschaftslehre, Hamburg 1972.

Krause, O. (2005): Performance Management – Eine Stakeholder-Nutzen-orientiere und Geschäftsprozess-basierte Methode, Diss., Berlin 2005.

Krüger, W. (1979): Controlling: Gegenstandsbereich, Wirkungsweise und Funktionen im Rahmen der Unternehmungspolitik, in: BFuP, 31. Jg., 1979, Heft 2, S. 158-169.

Küpper, H.-U. (1997): Controlling – Konzeption, Aufgaben und Instrumente, 2. Aufl. Stuttgart 1997.

Laudon, K. C.; Laudon, J. P. (1991): Management Information Systems – A Contemporary Perspective, 2. Aufl. u. a. New York 1991.

Lebas, M. (1995): Performance measurement and performance management, in: International Journal of Production Economics 1995, Ausgabe 41 Nr. 9, S. 23-35.

Lebas, M. (1995a): Oui, il faut définir la performance, in: R.F.C., Nr. 269, Juni-August 1995, S. 66-71.

Likert, R. (1972): Neue Formen der Unternehmensführung, Bern 1972.

Linser, A. (2005): Performance Measurement in der Flugzeuginstandhaltung, Diss., St. Gallen 2004.

Little, J. D. C. (1970): Models and Managers – The Concept of a Decision Calculus, in: Management Science, Ausgabe 16, Nr. 8, 1970, S. 466-485.

Lohmann, C.; Fortuin, L.; Wouters, M. (2004): Designing a Performance Measurement System – A Case Study, in: European Journal of Operational Research 156, S. 267-286.

Lusti, M. (1999): Data Warehousing und Data Mining – Eine Einführung in entscheidungsunterstützende Systeme, Berlin Heidelberg 1999.

Lynch, R. L.; Cross K. F. (1995): Measure up! Yardsticks for continuous improvement, Cambridge 1995.

Mann, R. I.; Watson, H. J.; Cheney, P. H.; Gallagher, C. A. (1989): Accommodating cognitive style through DSS hardware and software, in: Sprague, R. H.; Watson, H. J. (Hrsg.): Decision Support Systems – Putting theory into practice Englewood Cliffs 1989, S. 103-115.

Mark, R. (1992): Raumstrukturelle Auswirkungen der Telekommunikation – Untersuchungen am Beispiel Nordrhein-Westfalens, Bochum 1992.

Marshall, S. (1991): Meeting the quality challenge together – Productivity first no longer works, in: Journal For Quality And Participation, Ausgabe 14, 6/1991, S. 6-8.

Mehrwald, C. (2003): SAP Business Information Warehouse 3 – Architektur, Konzeption, Implentierung, Heidelberg 2003.

Merchant, K. A.; Bruns W. J. (1986): Measurement to Cure Management Myopia, in: Business Horizons, Aufl. 29, Nr. 3 1986, S. 18-23.

Meyer, A. (2005): Informatik im Wandel, in: c't – Magazin für computer technik, Heft 21, Hannover 2005.

Meyer, C. (1994): Betriebswirtschaftliche Kennzahlen und Kennzahlensysteme, 2. Auflage, Stuttgart 1994.

Meyer, J.-A. (1996): Visualisierungen im Management, Wiesbaden 1996.

Meyer, J.-A. (1999): Visualisierungen im Management – Verhaltenswissenschaftliche Grundregeln für das Management, Wiesbaden 1999.

Microsoft (1995): The Windows interface guidelines for software design – An application design guide, o. O. 1995.

Mucksch, H. (1996): Charakteristika, Komponenten und Organisationsformen von Data-Warehouses, in: Mucksch, H.; Behme, W. (Hrsg.): Das Data-Warehouse-Konzept – Architektur - Datenmodell - Anwendungen; Mit Erfahrungsberichten, Wiesbaden 1996, S. 85-116.

Mummert Consulting AG (2004): Business Intelligence Studie biMA® 2004 – Wie gut sind die BI-Lösungen der Unternehmen in Deutschland?, Hamburg 2004.

Muncha, C. (1990): Lernprozesse und Flexibilität als Gestaltungselemente strategischer Informationssysteme, in: Zeitschrift für Planung, Heft 3, S. 217-232.

Murch, G. M.; Woodworth, G. L. (1978): Wahrnehmung, u. a. Stuttgart 1978.

Müller-Böling, D.; Ramme, I. (1990): Informations- und Kommunikationstechniken für Führungskräfte – Top-Manager zwischen Technikeuphorie und Tastenphobie, u. a. München 1990.

Neely, A.; Gregory, M.; Platts, Ken (1995): Performance Measurement System Design – A Literature Review and Research Agenda, in: International Journal of Operations & Production Management, Ausgabe 15 1995 Nr. 4, S. 80-116.

Neely, A. (1998). Measuring Business Performance – Why, what and how, London 1998.

Norton, D. P.; Kappler, F. (2000): Balanced Scorecard Best Practises – Trends and Research Implications, in: Controlling, Heft 1/2000, S. 15-22.

Oehler, K (2000): OLAP – Grundlagen, Modellierung und betriebswirtschaftliche Lösungen, München Wien 2000.

Osterloh, M. (1999): Märkte als neue Form der Organisation und Führung? Oder: Warum ist virtuell virtuos?, in: Gomez, P.; Müller-Stewens, G.; Rüegg-Stürm, J. (Hrsg.): Entwicklungsperspektiven einer integrierten Managementlehre – Forschungsgespräch aus Anlass der 100-Jahr-Feier der Universität St. Gallen, Bern 1999, S. 381-408.

Prahalad, C. K.; Hamel, G. (1990); The Core Competence of the Corporation, in: Harvard Business Review, Aufl. 68 Nr. 3, S. 79-91.

Petzholt, S. (2001): Einführung der Balanced Scorecard als Performance-Meß-System für systematische Organisationsentwicklungsprozesse, Aachen 2001.

Pietsch, T.; Memmler, T. (2003): Balanced Scorecard erstellen – Kennzahlenermittlung mit Data Mining, Berlin 2003.

Probst, G.; Knaese, B. (1998): Führen Sie Ihre „Knowbodies" richtig?, in: io management, Ausgabe 4, S. 38-41.

Rappaport, A. (1998): Creating Shareholder Value – A Guide for Managers and Investors, New York 1998.

Reichmann, T.; Lachnit, L. (1976): Planung, Steuerung und Kontrolle mit Hilfe von Kenzahlen, in: Zeitschrift für betriebswirtschaftliche Forschung, Nr. 28, S. 705-723.

Reichmann, T. (1997): Controlling mit Kennzahlen und Managementberichten – Grundlagen einer systemgestützten Controlling-Konzeption, 5. Aufl., München 1997.

Reichwald, R.; Manz, U.; Odemer, W.; Sorg, S. (1984): Ein integriertes Bürosystem im Organisationstext – Ergebnisse der Begleituntersuchung im Kooperationsfeld von Führungskräfte, in: Beckurts, K. H.; Reichwald, R.: Kooperation im Management mit integrierter Bürotechnik – Anwendererfahrungen, München 1984, S. 71-160.

Reiser, M.; Holthuis, J. (1996): Nutzenpotentiale des Data-Warehouse-Konzepts, in: Mucksch, H.; Behme, W. (Hrsg.): Das Data-Warehouse-Konzept – Architektur - Datenmodell - Anwendungen; Mit Erfahrungsberichten, Wiesbaden 1996, S. 85-116.

Reiterer, H.; Mann, T. M.; Mußler, G.; Bleimann, U.: Visualisierung von entscheidungsrelevanten Daten für das Management, in: HMD 212 04/2000, S. 71-83.

Riedl, J. B. (2000): Unternehmenswertorientiertes Performance Measurement – Konzeption eines Performance-Measure-Systems zur Implementierung einer wertorientierten Unternehmensführung, Wiesbaden 2000.

Rieger, B. (1990) Vergleich ausgewählter EIS-Generatoren, in: Wirtschaftsinformatik, 6/1990, S. 503-518.

Rockart, J. F.; Treacy, M. E. (1982): The CEO goes on-line, in: Harvard Business Review, 60 1982 1, S. 82-88.

Rohr, G. (1988): Grundlagen menschlicher Informationsverarbeitung, in: Balzert, H.; Hoffe, H.; Oppermann, R.; Peschke, H.; Rohr, G.; Streitz, N. (Hrsg.): Einführung in die Softwareergonomie, u. a. Berlin 1988, S. 27-48.

Ruf, W. (1988): Ein Software-Entwicklungssystem auf der Basis des Schnittstellen-Management-Ansatzes – Für Klein- und Mittelbetriebe, u. a. Berlin 1988.

Rummelhart, D. E. (1980): Schemata – The building blocks of cognition. Hillsdale 1980.

Rummler, G. A.; Brache, A. P. (1995): Improving Performance – How to Manage the White Space on the Organization Chart, 2. Aufl., San Francisco 1995.

Scheibeler, A. A. W. (2002): Balanced Scorecard für KMU – Kennzahlenermittlung mit ISO 9001:2000 leicht gemacht, 2. Aufl., Berlin u.a. 2002.

Schmidberger, J. (1994): Controlling für öffentliche Verwaltungen – Funktionen - Aufgabenfelder - Instrumente, 2. Aufl., Diss., Wiesbaden 1994.

Schrank, R. (2002): Neukonzeption des Performance Measurement, Strenenfels 2002.

Schust, G. H. (1994): Total Performance Management – Neue Formen der Leistungs- und Potentialnutzung in Führung und Organisation, Stuttgart 1994.

Seemann, A.; Schmalzridt, B.; Lehmann, P. (2001): SAP Business Information Warehouse, Bonn 2001.

Seidenschwarz, B. (1992): Entwicklung eines Controllingkonzeptes für öffentliche Institutionen – Dargestellt am Beispiel einer Universität, München 1992.

Simon, R. (1996): Die heimlichen Gewinner – Hidden Champions, Frankfurt am Main u. a., 1996.

Simons, R. (2000): Performance measurement and control systems for implementing strategy. Upper Saddle River 2000.

Speckbacher, G. (1997): Shareholder Value und Stakeholder Ansatz, in: Die Betriebswirtschaft (DBW), Heft 5, 1997, S. 630-639.

Staehle, H. (1991): Management – Eine verhaltenswissenschaftliche Perspektive, 6. Aufl, München 1991.

Staffelbach, B. (2000): Human Resource Management, in: Manager's Digest Handelszeitung, Zürich 2000, S. 33-127.

Stahlknecht, P. (1997): Einführung in die Wirtschaftsinformatik, Berlin et al. 1997.

Stiemerling, O. (2002): Web-Services als Basis für evolvierbare Softwaresysteme, in: Wirtschaftsinformatik, Nr. 44 2002, S. 435-445.

Sturm, A. (2000): Performance Measurement und Environmental Performance Measurement – Entwicklung eines Controllingmodells zur unternehmensinternen Messung der betrieblichen Umweltleistung, Diss., Dresden 2000.

Tanenbaum, A. S. (2003): Computer Networks, 4. Aufl., Upper Saddle River 2003.

Thomsen, E. (1997): Dimensional Modeling: An analytical approach, in: Database Programming & Design, März 1997, S. 29-35.

Thurnheer, A. (2003): Temporale Auswertungsformen in OLAP, Diss., Basel, 2003.

Ulrich, H.; Probst, G. J. B. (1995): Anleitung zum ganzheitlichen Denken und Handeln – Ein Brevier für Führungskräfte, 4. Aufl., Bern Stuttgart Wien 1995.

Vavouras, A. (2002): A Metadata-Driven Approach for Data Warehouse Refreshment, Diss., Zürich 2002.

Weber, J. (1998): Einführung in das Controlling, 7. Aufl. Stuttgart 1998.

Wertheimer, M. (1922): Untersuchungen zur Lehre von der Gestalt, Psychologische Forschung 1922, Nr. 1, S. 47-58.

Wettstein, T. (2002): Performance Measurement – Vorgehensmodell und informationstechnische Ausgestaltung, Diss., Freiburg 2002.

Wicki-Breitinger, J. (2000): Balanced Scorecard als Planungsinstrument – Operationalisierung von Strategien dargestellt am Beispiel einer Bank, Diss., Zürich 2000.

Wieken, J.-H. (1999): Der Weg zum Data Warehouse – Wettbewerbsvorteile durch strukturierte Unternehmensinformationen, München 1999.

Wilkens, U.; Pawlowsky, P. (1997a): Human Resource Management im Vergleich, in: Ekkehart Frieling (Hrsg.), Automobilmontage in Europa, Frankfurt am Main u. a. 1997, S. 55-90.

Wilkens, Uta; Pawlowsky, P. (1997b): Human Resource Management or machines that change the world in the automotive lidustry?, in: Management International Review, Ausgabe 37, 1/1997, S. 105-126.

Wunderer, R. (1997): Mitarbeiter als Mitunternehmer: Ein Konzept. Tagungsunterlage der I.FPM-Jubiläumstagung und Executive Forum 1997 der Universität St. Gallen „Mitarbeiter zu (Mit-)Unternehmern fördern – Konzepte, Wege, Lösungen", 17.-18.10.1997, St. Gallen 1997.

Wunderer, R. (1999): Mitarbeiter als Mitunternehmer – ein Transformationskonzept, in: Wunderer (Hrsg.) (1999): Mitarbeiter als Unternehmer, Neuwied, S. 22-58.

Zahn, E. (1981): Entwicklungstendenzen und Problemfelder der strategischen Planung, in: Bergner, H. (Hrsg.): Planung und Rechnungswesen in der Betriebswirtschaftslehre – Festgabe für G. v. Kortzfleisch zum 60. Geburtstag, Berlin 1981, S. 145-190.

Zeh, T. (2003): Data Warehousing als Organisationskonzept des Datenmanagements – Eine kritische Betrachtung der Data-Warehouse-Definition von Inmon, in: Informatik - Forschung und Entwicklung, 8/2005, S. 32-38.

Zimmermann, H.; Rudolf, M.; Jaeger, S.; Zogg-Wetter, C. (1996): Moderne Performance-Messung – Ein Handbuch für die Praxis, Bern Stuttgart.

Zornes, A. (1994): Re-Engineering „Data Jailhouses" into „Data Warehouese", in: Next Generation Decision Support, Meta Group Inc., Westport 1994, S. 17.